초보 사업자의 물음표
세무형이 답하다

초보 사업자의 물음표 세무형이 답하다

초판 발행 • 2025년 6월 30일
지은이 • 이의유, 김지수
펴낸이 • 황진주
펴낸곳 • 다섯걸음
출판사 등록일 • 2021년 10월 6일 제2023-000213호
주소 • 서울시 마포구 월드컵로8길 45-8 양성빌딩 3층 3313호(서교동)
대표전화 • 070-5123-8402
팩스 • 02-6455-3927
이메일 • fivestepsbooks@gmail.com
디자인 • 춘우 | **출력 및 인쇄** • 예림인쇄 | **제본** • 예림바인딩

ISBN 979-11-985491-1-2 (03320)

ⓒ 이의유, 김지수 2025

정가 20,000원

• 잘못 만들어진 책은 구입한 서점에서 바꿔 드립니다.
• 저작권자나 발행인의 승인 없이 이 책의 일부 또는 전부를 무단 복사, 복제, 전재하는 것은 저작권법에 저촉됩니다.

초보 사업자의 물음표? 세무형이 답하다!

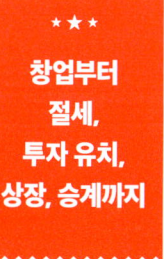

창업부터 절세, 투자 유치, 상장, 승계까지

이의유, 김지수 지음

다섯걸음

♦

머
리
말

    2008년 가을, 회계사 시험 준비 1년 만에 1차와 2차 시험을 동차 합격하며 제 인생은 빠르게 회계사의 길로 접어들었습니다. 삼정KPMG에서 첫 커리어를 시작해 지금의 삼도회계법인에 이르기까지, 어느덧 16년이 넘게 회계와 세무 분야에 몸담아 왔습니다. 저에게 회계사는 단순히 직업이 아니라, 기업의 성장을 돕는 역할이자 저의 소명이라고 생각하며 지금까지 쉼 없이 달려왔습니다.

반복되는 사업 시행착오를 줄여주기 위한 노력

    그간 수많은 기업의 대표님들을 만나며 깨달은 점이 하나 있었습니다.

    "대표님들의 질문은 놀랄 만큼 비슷하다."

    사업 초기부터 성장기를 거쳐, 투자 유치, 상장, 가업승계까지 사업의 규모나 업종은 달라도, 기업의 대표는 늘 비슷한 고민을 하고 비슷한 시행착오를 겪는다는 사실입니다. 반복되는 시행착오를 없애기 위해, 대표님들의 질문들에 제가 해온 답변을 한 권의 책으로 엮는다면, 많은 분들에게 실질적인 도움이 되겠다는 생각이 들었습니다.

그렇게 이 책을 기획하게 되었고, 매주 금요일 새벽 6시, '미라클 모닝'이라는 프로젝트 이름으로 파트너 김지수 회계사와 함께 본격적인 집필을 시작했습니다. 오랜 인연의 김지수 회계사는 처음엔 면접관과 지원자로 만났지만, 지금은 10년을 함께해온 친동생 같은 동료입니다. 단 한 번도 빠짐 없이 8개월간 매주 금요일 새벽 6시에 만나서 이 프로젝트에 몰입했고, 그렇게 이 책이 세상에 나오게 되었습니다.

기업의 생애주기에 따라 마주할 질문에 대한 인사이트

이 책은 단순히 절세에 관한 이야기만을 다루지 않습니다. 창업 시점부터 회사의 성장에 따라 시기별로 발생하는 다양한 질문을 포함하였고, 투자 유치, 상장 준비, 사업구조 설계, 가업승계까지 초보 사업가라면 반드시 마주하게 될 다양한 주제를 담았습니다. 기존의 세무 책들이 한 분야에 집중해 설명했다면, 이 책은 창업의 성장 여정을 처음부터 끝까지 관통하는 내용을 담았다는 특징이 있습니다. 또한, 형에게 묻듯, 친한 친구에게 털어놓듯, 초보 사업가 김대표가 세무형에게 묻는 형식으로 어렵고 복잡할 수 있는 세무 지식을 쉽게 설명했습니다. 조금은 가볍고 재미있지만, 절대 놓쳐서는 안 될 '즉시 실행 가능한 인사이트'를 담았습니다. 이 책이 오늘도 치열하게 전투에 임하고 있는 모든 창업가의 성공의 길을 밝히는 등불이 되기를 바랍니다.

끝으로 매주 금요일 새벽 어스름에 책을 쓰기 위해 일찍 나서는 저를 묵묵히 지지해주고 응원해준 사랑하는 아내 성미와 늘 저를 걱정하시는 사랑하는 어머니, 저의 멘토이자 든든한 버팀목이신 장인어른과 장모님께도 감사의 말을 전합니다. 그리고 나의 자랑이자 삶의 원동력인 두 딸 하린, 채린에게 이 책을 빌려 아빠의 진심을 전합니다. 고맙고, 사랑해.

지은이 이의유

우리 모두의 꿈인 부자가 되는 방법에는 흔히 3가지가 있다고 합니다. 사업에 성공하거나, 투자에 성공하거나, 부자와 결혼하는 것이죠. 여기서 사업가와 투자자를 모두 이해하고 적절한 시기에 이 둘을 연결하는 사람이자 두 명의 부자를 만들어 내는 회계사라는 직업이 저에겐 참 매력적으로 다가왔습니다. 특히 사업가와 투자자가 끊임없이 만나며, 무한히 새로운 기회를 만드는 스타트업 업계에서 저는 컨설턴트이자 실사자로서 사업가와 투자자의 가이드 역할을 하며 다년간의 경험을 쌓았고, 숨은 킹메이커인 '스타트업 전문 회계사'로 자리잡았습니다.

창업의 모든 순간, 골든 타임을 놓치지 않기를 바라는 마음

창업자는 누구보다 열정적으로 하루하루를 보내며 회사의 앞날을 만들어 갑니다. 그러나 사업 시작부터 전문가를 항상 옆에 두기는 현실적으로 어렵습니다. 그러다 보니 사업장 위치를 잘못 선정해 세금을 많이 내거나, 벤처 인증 기간을 놓쳐 세금 감면을 받지 못하거나, 주주간계약서를 미리 쓰지 않아 투자유치 직전에 회사를 다시 만드는 등 미리 알았다면 시간과 비용을 두 배 이상 절감할 수 있었을 안타까운 일들이 생깁니다.

모든 절세는 사전에 준비를 해야 효과가 크고, 모든 리스크는 사전에 대비해야 관리가 가능합니다. 그래서 창업자와 매 순간 함께하는 마음으로 꼭 필요한 시점에 유용한 정보를 스스로 확인할 수 있도록 이 책을 집필했습니다. 이 책을 통해 창업의 단계마다 있는 골든 타임을 미리 알고 놓치지 않는다면, 선택의 폭은 넓어지고 시행착오는 줄어들 것입니다.

경영자가 실무를 쉽게 이해할 수 있는 실용 입문서

사업 운영에 꼭 필요한 회계, 세무, 노무, 투자, IPO 등 다양하고 어려운 내용을 쉽게 이해하고 몰입할 수 있도록 '김대표'와 '세무형'의 대화 형식으로 설명했습니다. 실제 창업자들이 자주 묻는 질문들을 중심으로 구성했기에, 궁금한 내용을 목차에서 찾아 도움을 받을 수 있습니다. 이 책으로 시간을 절약하고 비용을 아끼며 여러분의 목표에 더 가까이 다가갈 수 있기를 진심으로 바랍니다.

끝으로, 개업 회계사로 자립하는 데 아낌없는 조언을 주시고 공동 집필을 제안해 주신 이의유 회계사 님께 감사드립니다. 저를 지금까지 지지해 주신 부모님께도 진심으로 감사드리며, 무엇보다도 언제나 곁에서 묵묵히 응원해 주고 힘이 되는 아내에게 깊은 사랑과 고마움을 전합니다.

지은이 김지수

차례

머리말 ·· 04

 **1장 사업을 시작하기 전에 알아두기**

01 | 법인사업자로 해야 할까, 개인사업자로 해야 할까? ·· 18
02 | 사업자는 반드시 복식부기로 소득 신고를 해야 할까? ·· 20
03 | 사업장 본점소재지를 어디로 해야 할까? ·· 22
04 | 법인 설립이 먼저일까, 사업장 임차계약이 먼저일까? ·· 25
05 | 사업연도 종료일은 언제로 해야 할까? ·· 27
06 | 자본금은 얼마로 결정해야 할까? ·· 29
07 | 주주 구성과 지분 배분은 어떻게 해야 할까? ·· 34
08 | 주주간계약서는 어떻게 작성해야 할까? ·· 36
09 | 이사회를 구성하는 방법은? ·· 38
10 | 정관에 꼭 넣어야 하는 내용은? ·· 41
11 | 사업자등록 시기는 언제로 해야 할까? ·· 43
12 | 업종코드는 어떻게 선택해야 할까? ·· 45
성공한 사업가의 비밀 노트 사업 시작 전이라면 창업중소기업감면혜택을 노려라! ·· 47
13 | 업종별 사업자등록증 발급 요건이 다를까? ·· 55
14 | 과세와 면세는 다른 것인가? ·· 57
15 | 세금의 종류는? ·· 59
성공한 사업가의 비밀 노트 세금을 줄이는 합법적인 방법 ·· 61

2장 시작하는 기업의 세무 관리

- 01 | 자본금을 가장납입하면, 어떤 문제가 발생할까? ·· 66
- 02 | 창업 초기에 급여는 어떻게 처리할까? ·· 68
- **성공한 사업가의 비밀 노트** 법인대표자 급여설계 시 한계세율을 제대로 알자 ·· 70
- 03 | 대표자 개인카드를 사용할 때 주의할 점은? ·· 73
- 04 | 현금결제 시 할인을 받는 게 진짜 이득일까? ·· 75
- 05 | 거래처 접대비(리베이트)는 얼마 정도가 적당할까? ·· 77
- 06 | 거래처가 세금계산서(계산서)를 발행하지 않는다면? ·· 79
- 07 | 법인에서 상품권을 구매할 때 주의할 점은? ·· 81
- 08 | 경조사비는 어떻게 처리해야 할까? ·· 83
- 09 | 가지급금이 왜 생기는 걸까? ·· 85
- **성공한 사업가의 비밀 노트** 가지급금을 없애는 여러 가지 방법 ·· 87
- 10 | 감가상각이란 무엇일까? ·· 91
- 11 | 업무용 승용차 구입 시 주의할 점이 있을까? ·· 93

3장 성장하는 기업의 세무 관리

- 01 | '성실신고확인대상'이란? ·· 96

02 | 법인전환은 언제 하는 게 좋을까? ·· 99
`성공한 사업가의 비밀 노트` 개인사업자 법인전환 시 영업권 평가는 반드시 받자 ·· 101
03 | 8월에 법인세 납부서가 왔는데, 꼭 내야 할까? ·· 104
04 | 세금을 나눠 내거나 납부기한을 연장할 수 있을까? ·· 106
05 | 세무조사는 왜 나오는 것일까? ·· 108
06 | 세무조사는 어떻게 진행될까? ·· 111
`성공한 사업가의 비밀 노트` 세무대리인을 잘 고르는 방법 ·· 114
07 | 세액공제와 감면에는 어떤 게 있을까? ·· 117
08 | '최저한세'란? ·· 121
09 | 임직원에게 사택을 제공할 때 주의해야 할 점은? ·· 124
10 | 투자 유치 후 사옥 취득 시 주의해야 할 점은? ·· 126
11 | 투자 유치 후 차량 구입 시 주의할 점은? ·· 128
12 | 해외출장비, 임직원교육비 지급에도 기준이 필요할까? ·· 130
13 | 임직원 자녀의 학자금 지급이 가능할까? ·· 132
14 | 임원 상여는 대표 마음대로 해도 될까? ·· 133

기업의 자금 조달 방법과 정부지원제도 활용법

01 | 정책자금 지원을 받는 방법이 있을까? ·· 137
02 | 나라에서 지원하는 무상보조금은 없을까? ·· 139

| 성공한 사업가의 비밀 노트 | 창업자금을 부모에게 지원 받는다면
창업자금 증여특례 이용하기 ·· 141
03 | 연구개발 시 세액공제를 받을 수 있을까? ·· 146
04 | 벤처기업 인증을 받는 방법과 혜택은 무엇일까? ·· 149
| 성공한 사업가의 비밀 노트 | 벤처기업 인증은 꼭 창업 3년 이내에 받자 ·· 151
05 | 기타 인증제도에는 어떤 게 있을까? ·· 153

5장 성장하는 기업의 노무 관리

01 | 법인의 대표이사는 급여를 어떻게 받아야 할까? ·· 156
02 | 대표와 임원의 급여와 상여는 어떻게 정할까? ·· 158
03 | 직원 급여는 어떻게 처리하면 될까? ·· 160
04 | 취업규칙과 급여지급일은 어떻게 결정해야 할까? ·· 162
05 | 근로계약서는 어떻게 작성해야 할까? ·· 164
06 | 급여에 비과세 급여 항목을 넣으면 세금을 덜 낼까? ·· 166
07 | 사업소득자와 근로소득자는 어떤 점이 다를까? ·· 168
08 | 창업 초기 단계에서 퇴사율을 낮추고 사기를 높여줄 좋은 방법은? ·· 170
09 | 직원을 해고할 수 있을까? ·· 174
10 | 부당해고로 신고가 됐다면 어떻게 대응할까? ·· 176
11 | 직원 휴가는 1년에 며칠을 줘야 할까? ·· 178

12 | 퇴직금 지급은 어떻게 준비하면 좋을까? ·· 180
13 | 직원이 5인이 넘으면 주의할 점이 있을까? ·· 182

6장 성장하는 기업을 탄탄하게 운영하는 노하우

01 | 매출이 잘 나오는 것 같아도 현금이 돌지 않는 것 같다면? ·· 185
성공한 사업가의 비밀 노트 유형자산 재평가로 부채비율 개선하기 ·· 188
02 | 통장은 몇 개로 관리하는 것이 좋을까? ·· 190
03 | 신용거래를 안전하게 할 수 있는 방법은 없을까? ·· 193
04 | 재고가 쌓여 공간이 부족한데, 창고를 임대해야 할까? ·· 195
05 | 재무제표가 나쁘면 대출 연장이 어려울까? ·· 197

7장 투자 유치 단계에서의 핵심 전략

01 | 투자금을 유치할 때 어떤 준비를 해야 할까? ·· 201
02 | IR을 진행하는데 사업계획서는 어떻게 만들어야 할까? ·· 203
03 | 투자실사 전에 임의감사를 받으면 도움이 될까? ·· 206
04 | AC, VC, 시리즈 ABC는 무슨 뜻일까? ·· 209

| 성공한 사업가의 비밀 노트 | 시드 단계부터 투자 유치를 위해 큰 그림을 그리는 성공 전략 | ·· 212 |

05 | 좋은 액셀러레이터(AC)를 찾는 방법은? ·· 214
06 | 프리밸류와 포스트밸류의 차이점은? ·· 216
07 | 초기 기업의 가치를 평가하는 방법은? ①멀티플 방식 ·· 219
08 | 멀티플 방식 적용이 어려운 기업이라면? ②세이프 투자 ·· 221
09 | 투자실사는 어떻게 준비해야 할까? ·· 223
10 | 투자 형태 RCPS가 무슨 의미일까? ·· 226
11 | 투자계약서 작성 시 주의해야 할 점은? ·· 228

8장 외부감사 준비와 대응 방법

01 | 외부감사대상 선정 기준은 무엇일까? ·· 234
02 | 외부감사는 어떻게 준비해야 할까? ·· 236
03 | 외부감사는 어떻게 선임하는 것이 좋을까? ·· 238
04 | '감사인등록제'란? ·· 240
05 | 외부감사인이 왜 2번이나 오는 걸까? ·· 243
06 | 재고실사 준비는 어떻게 해야 할까? ·· 245
07 | 초도감사에서 한정의견을 받은 이유는? ·· 247

성장한 기업의
주식 상장 준비

01 | 주식 상장 준비 과정은 어떻게 될까? ·· 250
02 | 상장 방법에도 여러 가지가 있을까? ·· 253
03 | 코스피와 코스닥 시장의 차이는? ·· 256
04 | '내부회계관리제도'란? ·· 258
05 | 코넥스 시장으로 도전하는 건 어떨까? ·· 261
06 | 지정감사와 일반 외부감사는 다른 걸까? ·· 264
07 | '한국채택국제회계기준'이란? ·· 266
08 | 한국채택국제회계기준 적용 시 발생할 수 있는 이슈는? ·· 268

 ## 성장한 기업의
다음 세대 준비

01 | 가업승계를 할 때 어떻게 준비해야 할까? ·· 271
02 | 가업승계가 어려울 경우에는 어떻게 하면 좋을까? ·· 275
　　성공한 **사업가의** 비밀 **노트**　상속 계획은 미리미리, 대형 베이커리 카페가 많이 생기는 이유 ·· 280
03 | 기업 매각 시 내 회사의 가치를 측정하는 방법은? ·· 287

맺음말 ·· 290
찾아보기 ·· 291

1장

사업을 시작하기 전에 알아두기

01

법인사업자로 해야 할까, 개인사업자로 해야 할까?

법인사업자, 개인사업자

김대표 형, 나 사업을 시작하려고 하는데 법인으로 해야 할까, 개인으로 해야 할까?

세무형 정말 축하해. 맨날 사업하고 싶다고 하더니 드디어 시작하는구나!

개인사업자로 시작해서 회사를 키우다가 적절한 시기에 법인으로 전환할 수도 있고, 필요에 따라 처음부터 법인으로 시작할 수도 있어. 사업자 유형은 사업의 목표와 계획에 따라 다르게 선택해야 해. 우선 개인사업자와 법인사업자의 차이를 간단한 표로 요약해 줄게.

구분	개인사업자	법인사업자
설립 비용 및 절차	• 집 주소로도 간단하게 사업자등록이 가능함 • 절차가 단순하고 비용이 들지 않음	• 법인 설립 자체가 복잡함 • 비용이 소요됨 • 사업자등록 시 고려할 사항이 많음

과세 구조	• 사업소득에 따라 소득세 과세 • 소득 구간에 따라 6.6~49.5%의 세율 적용 • 이익이 많이 나지 않는 초기에 유리	• 법인사업자에게 법인세 과세 • 소득 구간에 따라 9.9~26.4%의 세율 적용 • 어느 정도 이익이 발생하는 시점부터는 법인이 유리
운영 비용 및 의사결정	• 단독으로 신속한 의사결정 가능 • 소규모 사업의 경우 장부 관리 부담이 적어 운영 비용 절감 가능	• 중요한 의사결정 시 이사회 또는 주주총회가 필요할 수 있음 • 처음부터 회계 장부를 빠짐없이 작성하여 관리해야 하므로 운영 비용 소요
책임	• 각종 채무에 대한 무한책임을 짐 • 사업과 무관한 개인 재산까지 위험할 수 있음	• 법인은 개인과 구분되는 별도의 실체로서 유한책임을 짐 • 개인 재산 보호 가능
신뢰도	• 낮은 편 • 큰 계약을 체결하거나 투자 유치 시 불리	• 높은 편 • 큰 계약을 체결하거나 투자 유치 시 유리

아직 매출 규모를 기대하기 어렵고 순이익이 크지 않다면, 세 부담이 낮고 장부 작성 의무가 면제되는 개인사업자로 가볍게 사업체를 시작하는 편이 비용 면에서 유리할 수 있어. 반면에, 초기부터 투자 유치를 고려하고 있거나 주주를 구성하거나 직원 복지로 스톡옵션 지급 등을 염두에 둔다면 법인으로 사업체를 운영해야 해. 그래야 외부로부터 신뢰를 받을 수 있고 자본 유치가 가능해지기 때문이야.

사업자는 반드시 복식부기로
소득 신고를 해야 할까?

간편장부, 복식부기

김대표 형, 친구가 법인은 복식부기를 해야 하니까 개인사업자로 하라는데? 복식부기가 뭐야?

세무형 복식부기 의무가 꼭 법인에게만 해당되는 것은 아니야. 개인사업자도 일정한 요건을 갖추면 복식부기 의무자가 돼. 개인사업자는 매출 규모에 따라 장부 작성 의무를 3단계로 구분해. 초기에 매출이 아주 적은 경우에는 장부 자체를 작성할 의무가 없는 소규모 사업자로 시작하여 간편장부 대상자가 되고, 그 이후에 복식부기 의무자로 넘어가.

장부를 기록하는 방법으로는 '간편장부'와 '복식부기'가 있어. '간편장부'는 흔히 우리가 아는 가계부를 쓰듯이 '현금이 들어왔다' 혹은 '지출이 발생했다'의 형태로만 기록하는 방식이야. 반면에 '복식부기'는 같은 가계부 내용을 두 개의 노트에 동시에 작성하는 것과 비슷해. 하나의 노트에는 돈이 어디에서 들어왔는지 기록하고, 다른 하나에는 그 돈이 어디로 나가는지 기록하는 거야.

예를 들어, 인터넷으로 노트북을 200만 원에 샀다고 생각해 보자. 이때 돈을 주면서 노트북을 받은 내역을 복식부기로 기록해 볼까?

①번 노트 (차변)	②번 노트 (대변)
"노트북을 샀다"고 기록	"현금이 줄었다"고 기록
구입한 노트북이 회사의 자산이 되었으므로 자산이 늘어난 내역을 기록	노트북을 사면서 200만 원을 지출했으므로 현금이 줄어든 내역을 기록

이렇게 두 개의 노트에 동시에 기록을 하면 돈의 출처와 사용처가 모두 기록되어 있으니 더 정확하게 돈의 흐름을 파악할 수 있어. 그리고 복식부기로 장부를 작성하면 우리가 흔히 아는 재무상태표, 손익계산서를 만들 수 있고, 단순히 얼마를 벌고 얼마를 썼는지에 대한 내용 외에도 자금의 조달 방법과 운영 상황을 한눈에 확인할 수 있다는 장점이 있지. 그래서 사업을 할 때 복식부기는 자금의 흐름과 사용처를 확실하게 알 수 있도록 도와주는 도구야.

03

사업장 본점소재지를
어디로 해야 할까?

사업장 본점소재지, 수도권과밀억제권역

김대표 사업장 본점소재지는 어느 곳으로 하는 게 좋을까? 고향인 청주로 할까, 아니면 서울로 해야 할까?

세무형 본점을 어디로 할지 고민이구나. 본점소재지가 별 것 아닌 것 같지만 어디로 하는지에 따라 내는 세금이 달라질 수 있어. 세법에서는 <u>수도권 집중화 현상을 막기 위해 수도권 외의 지역에 본점을 두는 경우</u>, 수도권 내에 본점을 두는 경우보다 세제 혜택을 주는 편이야.

◆ '사업장'과 '본점'은 차이가 있다. '사업장'은 본점 외에 여러 군데 둘 수 있다. 사업장이 1개라면 사업장과 본점이 일치한다.

수도권과밀억제권역은 수도권인 서울특별시, 인천광역시, 경기도 중에서 인구 밀집과 경제 활동의 과도한 집중을 억제하기 위해 수도권정비계획법으로 정하고 있는 일부 지역을 의미해.

다만, 법 개정에 따라 수도권과밀억제권역에 새로운 지역이 추가

되거나 제외될 수 있으니 창업 시점에서 다시 한 번 확인하는 것이 좋아.

> 서울특별시, 인천광역시(강화군, 옹진군, 서구 대곡동·불로동·마전동·금곡동·오류동·왕길동·당하동·원당동, 인천경제자유구역(남동 국가산업단지는 제외. 단, 경제자유구역에서 해제된 지역은 포함). 의정부시, 구리시, 남양주시 호평동·평내동·금곡동·일패동·이패동·삼패동·가운동·수석동·지금동·도농동만 해당), 하남시, 고양시, 수원시, 성남시, 안양시, 부천시, 광명시, 과천시, 의왕시, 군포시, 시흥시(반월특수지역은 제외. 단, 반원특수지역에서 해제된 지역은 포함)
>
> 수도권과밀억제권역(2025.1월 기준)

수도권과밀억제권역 안에 사업장을 두면 세금 불이익이 있고, 반대로 밖에 두면 세제 혜택이 많아.

우선, 법인의 경우 최초 설립할 때와 자본금을 증자할 때 과밀억제권역에 있으면 등록면허세를 3배 더 부담해야 해. 법인이든 개인이든 동일하게 창업중소기업 요건을 갖추었더라도 과밀억제권역 안에서는 법인세나 소득세 감면이 절반으로 줄어들거나 없을 수 있어.

만약 과밀억제권역에서 사옥을 매수할 계획이라면 처음부터 과밀억제권역에 법인을 설립하여 5년 뒤에 매수를 하는 걸 추천해. 법인 설립 후 5년이 지나면 부동산 취득세 중과가 적용되지 않기 때문이야.

마지막으로, 사무실이 아닌 집 주소로 사업자등록을 하려면 업종을 먼저 고려해야 해. 사업을 하는 데 반드시 필요한 인력과 시설이 있는 경우라면 해당 업종으로 사업자등록을 할 경우 반려될 수 있어. 예를 들어, 단순히 컴퓨터만 있으면 업무가 가능한 IT업종이라면 집 주소로도 사업자등록이 가능하지만, 건설업이라면 불가능해. 이때, 자기 소유의 집이 아닌 전세나 월세 형태의 주거지를 사업장으로 하려면 집주인에게 전대동의서를 받아야 하는데 협조를 잘 안 해주는 경우가 종종 있으니, 이를 감안하고 집주인과 잘 이야기해 보는 것이 좋아.

◆ '전대'란 소유주가 아닌 임차인이 재임차하는 것을 의미한다. 대표자가 거주하는 임차주택을 법인소재지로 하는 경우, 대표자가 법인에게 빌려주는 것이기 때문에 전대동의서가 필수이다.

 더 알아보기

창업중소기업세액감면과 관련된 세법 개정 예정

사업장 본점소재지가 수도권과밀억제권역 밖이라 하더라도 수도권에 해당된다면 청년창업의 경우 기존 100% 감면에서 75% 감면으로 축소되고, 일반창업의 경우 기존 50% 감면에서 25% 감면으로 축소된다. 예를 들어, 파주, 오산, 평택, 용인 등 수도권에 속하면서 수도권과밀억제권역 외 지역인 경우 감면율이 축소된다. 수도권 감면율 조정은 2026년 1월 1일 창업분부터 해당되니 해당 지역에서 창업 예정이라면 2025년 중에 창업할 것을 추천한다.

04

법인 설립이 먼저일까, 사업장 임차계약이 먼저일까?

법인 설립 시 임차계약

김대표 법인을 설립할 때 본점소재지가 필요한데, 임차계약을 하려면 법인이 없고, 법인을 만들려면 임차계약을 해야 하고, 어떤 게 먼저일까?

세무형 그건 아주 쉬운 문제야. 개인사업자로 사업을 시작한다면 당연히 내 이름으로 임차계약을 진행하면 되지만, 문제는 법인사업장이 필요할 때야. 사업장을 구해야 해당 주소로 법인 설립등기를 할 텐데 임차계약 당시에는 아직 법인 설립 전이지?

이럴 때는 우선 내 이름으로 임차계약을 하고 **특약사항**에 "법인의 설립등기가 완료되면 법인 명의로 임차인을 변경한다."는 내용과 "법인 설립 후 임대차계약서를 다시 작성한다."는 내용을 추가하면 돼. 특약사항에 해당 내용이 기입되어 있어야 나중에 법인등기를 완료한 후 임대인이 임차인에게 다시 임대차계약서를 작성해 줄 의무가 생기기 때문이야.

꼭 이렇게까지 번거롭게 해야 하냐고? 응, 해야 해. 왜냐하면 법인 명의로 작성된 임대차계약서를 세무서에 제출해야 사업자등록증이 나오거든. 간혹 법인으로 회사를 운영하기 위해 임차계약도 하고 법인등기까지 완료했는데 임대인이 계약서를 다시 써주지 않아 법인으로 사업을 하지 못하는 경우도 있어. 그러므로 특약사항은 반드시 챙기는 것이 좋아.

추가로, 단순히 세액감면을 목적으로 비상주 공유오피스에 사업장을 두는 경우, 실제 업무가 해당 장소에서 이루어지지 않는다면 세무서에서는 이를 회사의 본점으로 보지 않아서 감면한 세액을 추징하고 가산세까지 부과할 수 있으니 주의해야 해. 최근에 창업세액감면을 목적으로 수도권과밀억제권역 밖 비상주 공유오피스에 본점을 둔 경우 세무조사 대상자가 되기도 했어. 단순히 본점 주소만 수도권과밀억제권역 밖에 있다고 안전하지 않으니 참고해.

05

사업연도 종료일은 언제로 해야 할까?

사업연도 종료일

김대표 사업연도 종료일은 언제로 정해야 하는 거야? 따로 기준이 있는 걸까?

세무형 우선 개인사업자는 선택의 여지가 없어. 자동으로 사업연도가 1월 1일부터 12월 31일까지로 정해지므로 사업연도 종료일은 12월 31일이 되는 거야.

하지만 법인은 사업연도 종료일을 선택할 수 있기 때문에 꼭 12월 31일로 정할 필요는 없어. 사업의 특성에 따라 특정 기간에 매우 바쁘거나 자금 흐름이 몰리는 기간이 있다면 최대한 결산에 대한 부담이나 세금 납부에 부담이 없는 시기로 사업연도 종료일을 정할 수 있어. 예를 들어, 회계법인은 1~3월과 4~5월이 가장 바쁘기 때문에 3월 말 또는 6월 말 결산인 경우가 많아. 그래서 바쁘지 않은 다른 시기로 사업연도 종료일을 정하기도 해.

사업연도 종료일은 처음 법인 설립 시 정관에 반영하면 돼. 나중에 정관을 변경하려면 주주총회가 필요하여 과정이 까다로울 수 있으니 처음에 잘 고민하고 결정하는 것이 좋아.

이외에도 사업연도 종료일을 시작일로부터 12개월 미만으로 결정해서 빠르게 법인세를 납부하고 환급을 진행하는 경우도 있고, 개인 주주가 소유한 법인이 2개 이상이라면 세 부담이 같은 기간에 몰리는 것을 방지하기 위해 전략적으로 사업연도 종료일을 다르게 하는 경우도 있으니 참고해.

06

자본금은 얼마로 결정해야 할까?

자본금, 가수금

김대표 법인 자본금을 너무 적게 하기도 그렇고, 많이 하기에는 부담인데 얼마로 해야 할까?

세무형 사업을 시작하는 시기에 특히 결정해야 할 것들이 많지. 처음에 잘 설정해야만 나중에 사업체를 안정적으로 운영할 수 있으므로 미리 고민해 보면 좋아. 법인을 설립할 때 자본금을 얼마로 해야 할지 누구나 고민하니까 설명해 줄게.

등기소에서의 법인 설립 자체에는 사실 금액의 제한이 없어서 단돈 100원으로도 법인을 설립할 수 있어. 하지만 구체적인 사업 계획이나 설득력이 낮은 자본금 설정은 세무서에서 실제로 사업을 하지 않을 가능성이 높다고 보고 사업자등록을 거절할 수 있어. 그래서 적게는 100만 원부터 1000만 원 이상으로 자본금을 설정하고 법인을 설립하는 것이 일반적인데, 초기 설립 비용과 운영 비용을 고려해서 <u>최소 3~6개월 정도의 사업 운영 비용을 자본금으로 설정하는 것을 추천해.</u>

사업 이익이 나기 전까지 대출금이나 투자금 없이 사업을 운영할 수 있는 자금이 충분하여 자본금을 높게 설정하고 싶지 않다면, 법인에서 필요한 운영자금을 내가 가수금 형식으로 법인에 빌려주고 나중에 법인에 자금 여유가 생겼을 때 다시 상환 받는 형식이 좋을 수 있어. 자본금은 많이 납입할수록 세금도 많아지고 한 번 납입하면 인출이 어렵지만, 내가 법인에 빌려준 가수금은 언제든 쉽게 상환 형식으로 출금할 수 있기 때문이야.

◆ '가수금'이란 대표이사, 주주등이 일시적으로 법인에 빌려준 돈을 의미한다.

반대로 정부 사업이나 공공기관 입찰, 금융기관 대출, 그리고 초기에 투자금을 유치해야 한다면 너무 빠르게 완전자본잠식이 되지 않도록 사업 계획을 고려해 이익이 나기 전 동안의 운영자금을 자본금으로 납입하는 것이 좋아. 완전자본잠식이 되는 경우에는 정부사업 입찰이 불가능하거나 대출이 어려워질 수 있어.

◆ '완전자본잠식'이란 누적된 손실 금액이 자본금 총액을 초과하여 자본총계가 마이너스(-)가 되는 것을 의미한다. '일부자본잠식'은 자본총계가 마이너스(-)는 아니지만 자본금보다 적은 경우를 의미한다.

소규모 서비스업과 같은 소자본 창업은 초기 비용이 낮기 때문에 자본금을 1000만 원~3000만 원으로 설정하는 것을 추천해. IT스타트업이나 도소매업처럼 중소규모 사업에서는 거래처 신뢰와 초기 운영비를 고려해 5000만 원~1억 원 정도 설정하는 것이 적당해. 반면에 제조업이나 건설업처럼 초기 설비 투자와 재고 부담이 큰 대규모 사업의 경우에는 자본금을 1억 원 이상으로 설정해야 대외 신뢰를 확보하고 안정적으로 사업체를 운영할 수 있어. 특히 건설업은 건설업 등록을 위한 최소 실질 자본금 기준이 업종별로 마련되어 있으니 이를 감안하여 자본금을 설정해야 해. 아래 표의 업종 외에도 관련 법령에 따라 최소자본금 요건이 필요한 업종이 있으니 사전에 인터넷에서 꼭 검색해 확인하는 게 좋아.

❶ 건설업 최소자본금

세부 업종	최소자본금
토목건축공사업, 산업·환경설비공사업	8억 5천만 원
토목공사업, 조경공사업	5억 원
건축공사업	3억 5천만 원
지반조성·포장공사업, 실내건축공사업, 금속·창호·지붕·건축물 조립공사업, 도장·습식·방수·석공사업, 조경식재·시설물공사업 등 기타 공사업	1억 5천만 원

(출처: 건설산업기본법 시행령 별표2)

❷ 설계업 및 감리업 최소자본금

세부 업종	최소자본금
종합설계업, 종합감리업	1억 원
전문 감리업	5천만 원
전문설계업 1종	3천만 원
전문설계업 2종	1천만 원

(출처: 전력기술관리법 시행령 별표4, 별표5)

❸ 금융투자업 최소자본금

세부 업종	최소자본금
투자매매업	10억 원~500억 원
투자중개업	5억 원~200억 원
집합투자업	20억 원~80억 원
신탁업	50억 원~250억 원

(*) 금융투자상품의 범위와 투자자 유형에 따라 상이함.
(출처: 자본시장과 금융투자업에 관한 법률 시행령 별표1)

❹ 벤처캐피탈 최소자본금

세부 업종	최소자본금
신기술사업금융전문회사	100억 원
벤처투자회사	20억 원

(출처: 여신전문금융업법 제5조 1항 4호, 벤처투자 촉진에 관한 법률 시행령 제23조 1항 1호)

❺ 경비업 최소자본금

세부 업무	최소자본금
특수경비업무	3억 원
시설경비업무, 호송경비업무, 신변보호업무, 기계경비업무, 혼잡·교통유도경비업무	1억 원

(출처: 경비업법 시행령 별표1)

❻ 여행업 최소자본금

세부 업종	최소자본금
종합여행업	5천만 원
국내외여행업	3천만 원
국내여행업	1천 5백만 원(**)

(**) 2024년 7월 1일부터 2026년 6월 30일까지 등록 신청하는 경우 750만 원
(출처: 관광진흥법 시행령 별표1)

❼ 기타 최소자본금

세부 업종	최소자본금
정보통신공사업	1억 5천만 원
소방시설공사업	1억 원
의약품도매업	5억 원(***)
근로자파견업	1억 원
부동산중개업	5천만 원

(***) 수입의약품 · 안전상비의약품 · 시약 · 원료의약품 · 한약 또는 보건복지부장관이 지정 · 고시하는 일부 의약품만을 취급하는 의약품 도매상의 경우에는 2억 원

(출처: 정보통신공사업법 시행령 별표3/소방시설공사업법 시행령 별표1/약사법 시행규칙 제38조 1항/파견근로자 보호 등에 관한 법률 시행령 제3조 2호/공인중개사법 시행령 제13조 1항 2호 가목)

주주 구성과 지분 배분은
어떻게 해야 할까?

주주 구성, 지분 배분

김대표 주주 구성은 어떻게 해야 해? 그냥 나로 하면 될까?

세무형  법인을 설립할 때 주주 구성과 지분 배분은 매우 중요한 일이야. 법인의 운영 계획에 따라 고려할 부분에 차이가 있는데, 투자금을 기준으로 크게 두 가지 경우로 나누어 설명할게.

첫째, 법인을 가족 또는 지인과 함께 외부 투자금 조달 없이 필요할 때 대출을 받아서 운영할 경우야. 이때 창업중소기업세제혜택을 받으려면 대표자가 50% 이상의 지분을 가지고 있어야 해. 나머지 지분에 대해서는 가족 구성원의 수에 맞춰 적절히 배분하면 배당 시 소득이 분산되어 절세 효과가 발생해.

둘째, 스타트업 성격을 가지고 투자 유치를 통해 빠르게 성장하려는 경우야. 투자를 받을 때마다 기존 주주의 지분율이 희석되기 때문에 보통 대표자가 70% 이상의 지분을 가지고 있는 것이 좋아. 지분은 역할과 책임에 따라 분배하는 것이 합리적이지. 대표자는 대출을 받을 때 연대보증을 서야 할 수도 있고, 투자계약서에도 이해관계인으로 포함되어 법인과 함께 책임을 가장 많이 부담하기 때문에 높은 지분율을 가지고 시작하는 것이 합리적이야.

사업 초기에는 투자자자들도 다양한 이유로 키맨 한 명에게 지분이 집중되어 있는 회사를 선호해. 특히 공동창업의 경우에 회사가치가 성장함에 따라 공동창업자 간의 지분 갈등이 발생할 수 있으니 초기에 지분 분배를 명확히 설정하고, 이를 기반으로 주주간계약서를 작성하는 것이 필수적이야. 주주간계약서에는 지분 양도 제한, 의결권 행사 방식, 탈퇴 및 분쟁 시 해결 방안까지 미리 담아두는 것이 좋아. 이와 같은 협의를 통해 공동창업자 간의 갈등을 예방하고, 회사 성장 과정에서 안정적인 운영이 가능하도록 해야 해.

주주간계약서를 작성하는 방법은 바로 다음에서 자세히 살펴보자.

08

주주간계약서는
어떻게 작성해야 할까?

공동사업, 주주간계약서

김대표 유능한 개발자 친구랑 같이 창업을 하고 싶은데, 친구와 같이 할 때 특별히 주의할 게 있을까?

세무형 공동사업을 하려고 하는구나? 사실 공동사업이 처음 취지는 좋지만 사업을 하다 보면 예기치 않게 부딪혀서 함께 창업했던 사람이 갑자기 회사를 나가는 경우가 있어. 이때 주주간계약서가 없어서 퇴사하는 사람의 지분을 어떻게 회수할지 고민하는 경우를 종종 봤어. 사업을 하다 보면 생각하지 못했던 많은 문제를 겪게 되지만 가장 통제하기 어려운 부분이 바로 사람과의 마찰과 갈등이야.

이럴 때 주주간계약서가 사전에 발생할 수 있는 문제를 최소화하고 만약 문제가 생기더라도 해결할 수 있는 든든한 보험과 같은 역할을 할 거야. 투자자들도 회사에 투자를 하기 전에 안정적인 경영 환경을 확인하기 위해서 주주간계약서를 요구하는 경우가 많아. 따라서 공동사업의 경우에는 주주간계약서를 반드시 작성해야 해.

주주간계약서를 작성할 때는 법률 상담을 받는 것이 가장 좋지만 일반적으로 포함되어야 할 내용을 간단하게 표로 살펴볼까? 주주간계약서는 회사가 성장할수록 중요성과 필요성이 더 커지기 때문에 미리 잘 정리해 두는 것이 좋아.

항목	목적
계약 당사자	계약의 당사자를 명확히 하여 법적 효력을 갖도록 하기 위함.
지분 구조	각 주주의 소유권을 명확히 하여 나중에 지분과 관련된 분쟁을 예방.
의사결정 절차 및 의결권 행사 방식	의사결정 과정에서 발생할 수 있는 혼란과 갈등을 예방하고 명확한 의사결정 구조를 마련.
이익 분배 및 배당 정책	회사의 수익이 공정하게 분배되도록 하여 주주간 갈등을 예방.
의무 근속 기간	최소한의 공동사업 운영기간을 마련하고 중도퇴사 시 문제 해결.
주식 양도 제한 및 처분	주식 양도 시 주주의 권리를 보호하고, 예상치 못한 지분 구조 변화를 방지, 중도 퇴사자의 지분 회수.
경영 참여와 의무	주주들의 구체적인 역할과 책임을 정의하여 경영의 효율성을 높이고 혼란을 방지.
비밀 유지 및 비경쟁 조항	회사의 중요한 정보 보호 및 주주 퇴사 후에도 회사의 이익을 보호.
분쟁 해결 절차	분쟁 발생 시 신속하고 공정하게 해결할 수 있는 절차 마련.

09

이사회를 구성하는 방법은?

주주, 이사회

김대표 형, 주주는 정해졌는데 이사회는 또 뭐야? 주주와 이사가 참 헷갈리네!

세무형 법인 운영이 처음인 초보 사업자가 가장 많이 헷갈리는 게 주주와 이사회의 차이점과 이사회 구성이야.

주주는 회사의 주식을 가지고 있는 회사의 주인이야. 이사회는 회사를 운영하는 최고 회의 기구 정도로 생각하면 돼. 예를 들어, 우리가 A기업의 주식을 사면 A기업의 주주가 되지만 A기업의 경영에 직접적으로 참여하지는 않아. 이처럼 주주와 이사회는 별개야.

이사회는 주주로부터 선임된 이사로 구성되는데, 회사의 경영 방향과 주요 전략을 결정하고 회사의 최고경영진을 감독하는 역할을 하는 사람들의 모임이야. 주로 대규모 투자나 인수합병, 대표이사 선임 등 회사의 중요한 의사결정을 승인하고, 주주의 이익을 보호하는 역할을 해.

주식회사는 기본적으로 이사 1명만 있어도 되고, 자본금이 10억 원 이상이라면 최소 이사 3명과 감사 1명을 둬야 해. 자본금 10억 원 미만인 소규모 회사는 이사회 없이도 운영이 가능하지만 규모가 커질수록 제대로 구성해 두는 것이 좋아.

이사회의 각각의 구성원은 다음과 같은 역할을 해.

구성원	역할
대표이사	회사 전체를 책임지고 경영 방향을 잡는 사람이므로 회사의 중심이 되는 사람. 창업자라면 대표이사로 시작하는 것이 일반적임.
사내이사	회사 운영에 실제로 참여하는 사람들로 구성. 재무, 기술, 영업 등 각자의 전문 분야에서 회사에 기여할 수 있는 사람으로 정함.
사외이사	외부에서 회사 상황을 객관적으로 보고 조언해 줄 수 있는 사람. 업계 전문가나 투자자 추천으로 들어올 수 있음. 다만, 소규모 회사는 사외이사가 꼭 필요하지 않음.
감사	이사회와 회사의 활동을 감시하고, 재무 상황도 확인하는 역할을 하는 사람. 자본금 10억 원 이상의 회사라면 반드시 감사 1명을 두어야 함.

회사의 규모에 따라 이사나 이사회 구성에도 전략이 필요해.

회사 규모	구성 전략
소규모 회사	대표이사 1명, 내부 이사 1~2명 정도로 간단히 시작. 가족이나 믿을 만한 사람들로 구성하여 경영 안정성을 높이는 것도 방법임.

중소기업	대표이사와 주요 경영진(재무, 기술, 영업 담당 등)으로 구성. 필요하면 업계 전문가를 사외이사로 넣을 수 있음. 회사 규모가 조금 커지면 대외 신뢰를 위해 외부 전문가를 점진적으로 추가하는 것도 좋음.
투자 유치 스타트업	투자자 요구로 이사회에 투자자 추천 이사가 들어올 가능성이 있음. 이때, 대표자가 이사회의 정족수를 확보하거나 주주간계약으로 경영권을 안정적으로 보호하는 것이 중요함.

아래의 예와 같이 주주의 이익이 달려 있는 중대한 의사결정은 대표 혼자 하지 않고 이사회를 통해 결정하고 꼭 이사회 의사록을 남겨두어야 해.

- 부동산이나 주요 설비 등 회사의 주요 자산 처분
- 대규모 차입 및 담보 제공
- 주주총회 소집과 의안 결정
- 배당금 지급 결정
- 정관 변경
- 합병, 분할, 해산 등 회사의 구조적 변화
- 스톡옵션 부여 및 관리
- 자본금 증감 및 신주 발행
- 대규모 공급 계약 및 장기 임대 계약 등의 중요한 계약 체결 등

10

정관에 꼭 넣어야 하는 내용은?

정관

김대표 형, 진짜 알아야 할 게 많구나. 정관은 또 뭐야? 이런 것도 신경을 써야 해?

세무형 당연하지! 정관은 회사의 설립과 운영에 대한 기본 규칙을 정한 문서로서 회사의 헌법이라고도 할 수 있어. 그러니까 정관은 반드시 꼼꼼하게 챙겨야 해. 정관은 법인을 설립할 때 반드시 필요하고, 한 번 작성한 후 수정하려면 주주총회 특별결의를 거쳐야 하므로 외부 투자를 유치할 계획이 있다면 설립 초기에 신중하게 작성해 두는 것이 좋아.

◆ 주주총회 특별결의를 하려면 출석주주의 3분의 2 이상, 발행주식 총수 3분의 1 이상이 필요하다.

    변호사 또는 법무사 사무실에 법인 설립을 의뢰하면 보통 표준 정관을 제공해 주는데, 앞으로의 사업 방향을 논의하면서 꼭 필요한 내용을 정관에 미리 포함시켜 두는 게 좋아. 정관은 주로 다음과 같은 내용을 포함하고 있어.

- 임원의 보수에 관한 규정
- 임원 퇴직금 지급 규정
- 외부 투자 유치를 위한 제3자 신주 발행 근거 조항
- 발행 주식의 종류
- 외부 투자를 고려하여 회사의 발행할 수 있는 최대 주식 수
- 주식매수선택권, 주식양도에 대한 이사회 또는 주주총회 승인 제약 여부
- 중간배당 절차 등

예를 들어, 스타트업 초기에 직원들에게 충분한 보수를 제공하기 어렵다면 스톡옵션 규정이 필요할 수 있어. 그리고 공동창업이라면 상대방이 몰래 지분을 매각하는 것을 방지하고 악의적 투자자로부터 경영권 위협을 받지 않기 위해 주식양도에 대해 이사회 또는 주총 승인을 받도록 제한해 둘 수 있지. 또, 규정에 없는 임원의 급여와 상여는 세법상 비용으로 인정받지 못할 수 있으므로 정관에 그 규정을 두어야 해. 임원 퇴직금 배수 또한 정관에 규정하고 있으니 반드시 전문가와 상의하여 우리 회사에 꼭 알맞은 우리 회사만의 헌법인 정관을 만들도록 해.

사업자등록 시기는
언제로 해야 할까?

사업자등록 시기, 매입세액공제 혜택

김대표 사업자등록은 매출이 나올 때 해야 할까? 언제까지 꼭 해야 한다는 규정이 있는 거야?

세무형 사업자는 반드시 사업자등록을 해야 하기 때문에 세법에서는 당근과 채찍으로 사업자들이 제때 사업자등록을 하도록 유도하고 있어. 사업자등록은 원칙적으로 사업 개시일로부터 20일 이내에 신청해야 해. 이때 사업 개시일은 업종별로 다르게 보는데, 일반 업종은 재화나 용역의 공급을 시작하는 날을 사업 개시일로 보고 있어. 제조업은 제조장별로 재화의 제조를 시작하는 날을 사업 개시일로 규정하고 있어. 따라서 아무리 늦어도 물건을 처음 판매하거나 용역을 처음 제공하기 시작한 날로부터 20일 이내에는 사업자등록을 해야 해. 만약 사업자등록을 신청하지 않으면 매출액에 대한 1%를 가산세로 부담해야 해. 이는 사업자등록을 늦게 할 경우 생기는 불이익이야.

반대로 사업자등록을 일찍 신청하면 좋은 점도 있어. 보통 사업자등록을 하기 전에 사업 준비를 위해 사용하는 비용, 예를 들어 인테리어, 설비, 컴퓨터 기기 구입 등은 비용처리가 가능한지 묻는 경우가 많은데, 모두 비용처리가 가능해. 사업 준비 비용을 쓴 시기가 상반기라면 7월 20일까지, 하반기라면 다음 해 1월 20일까지 사업자등록을 하면 사업을 준비하며 발생한 각종 매입 비용들에 대하여 부가가치세 10%만큼 매입세액공제 혜택을 받을 수 있고 세법상 비용처리가 가능해.

◆ '매입세액공제'란 제품 제작 또는 서비스 제공을 위해 물품을 구입할 때마다 발생한 부가세 부담액을 부가세 납부 시 공제해 주는 것이다.

따라서 매출액이 없다고 사업자등록을 미루지 말고 사업 관련 지출이 발생하면 바로 사업자등록을 신청해야 해. 그래야 추후에 매출이 발생하더라도 지금까지 쓴 지출을 모두 비용처리 할 수 있어서 그만큼 절세 효과를 얻을 수 있어.

업종코드는
어떻게 선택해야 할까?

업종코드, 경비율

김대표 업종코드 선택은 어떻게 해야 해? 내 사업과 맞는 코드가 따로 있는 거야?

세무형 사업자등록 시 업종코드 선택은 아무래도 어려울 수 있어서 전문가의 도움이 필요해. 업종코드 선택이 별일 아닌 것처럼 보이지만 사실 세무 관리 측면에서 매우 중요해.

우선 법인의 경우, 법인을 설립한 후 정관과 법인 등기부에 사업 목적을 선택했다면 법인 등기부에 기재되어 있는 업종으로만 사업자 등록을 신청할 수 있어.

국세청의 업종코드는 우리나라 통계청이 관리하는 한국표준산업분류에 기초하여 만들어졌어. 홈텍스 홈페이지(http://hometax.go.kr)의 통합검색 창에 '업종코드'를 검색하면 각 코드별 사업 내용을 자세히 적은 파일이 있으니 참고하여 앞으로 진행하려는 사업 내용에 맞는 업종코드를 선택하면 돼.

각 업종코드별로 경비율이라는 게 있는데, '경비율'은 해당 업종의 매출 대비 비용이 차지하는 평균 비율을 의미해. 경비율이 높은 업종은 수익율이 낮은 업종이고, 반대로 경비율이 낮은 업종은 수익율이 높은 업종이야. 따라서 경비율이 낮은 업종은 상대적으로 세금을 많이 내는 업종이라고 판단할 수 있지.

개인사업자의 경우 선택한 업종에 따라서 경비율이 달라서 납부세액이 달라질 수 있어. 그 뿐만 아니라 창업중소기업감면, 창업자금증여특례 등 일부 세제 혜택은 특정 업종에만 주어지는 혜택이니까 하려는 사업 내용을 고려하여 적절한 업종코드를 선택해야 해.

사업 시작 전이라면 창업중소기업감면혜택을 노려라!

창업 전이라면 반드시 창업중소기업감면혜택을 고려해야 한다. 만 34세 이전이라면 향후 5년간은 세금 한 푼 내지 않고 사업을 할 수 있는 절호의 찬스이다. 만 34세 이후라도 감면의 기회는 있으니 주목하자.

첫째, 조세특례제한법에서 창업으로 보지 않는 경우에 해당되지 않아야 한다. 기존에 동일 업종으로 사업자등록을 한 경험이 있거나, 새로운 사업을 최초로 개시한 것으로 보기 어려운 경우 창업으로 보지 않는다.

1. 합병·분할·현물출자 또는 사업의 양수를 통하여 종전의 사업을 승계하거나 종전의 사업에 사용되던 자산을 인수 또는 매입하여 같은 종류의 사업을 하는 경우
2. 거주자가 하던 사업을 법인으로 전환하여 새로운 법인을 설립하는 경우
3. 폐업 후 사업을 다시 개시하여 폐업 전의 사업과 같은 종류의 사업을 하는 경우

4. 사업을 확장하거나 다른 업종을 추가하는 등 새로운 사업을 최초로 개시하는 것으로 보기 곤란한 경우

조세특례제한법 제6조 및 동법 영 제5조 참고

둘째, 창업중소기업감면을 받을 수 있는 업종이 정해져 있으니 내 사업이 아래에 업종에 해당하는지 체크해 보자.

1. 광업
2. 제조업(제조업과 유사한 사업으로서 대통령령으로 정하는 사업을 포함한다. 이하 같다)
3. 수도, 하수 및 폐기물 처리, 원료 재생업
4. 건설업
5. 통신판매업
6. 대통령령으로 정하는 물류산업(이하 "물류산업"이라 한다)
   1. 육상·수상·항공 운송업
   2. 화물 취급업
   3. 보관 및 창고업
   4. 육상·수상·항공 운송지원 서비스업
   5. 화물운송 중개·대리 및 관련 서비스업
   6. 화물포장·검수 및 계량 서비스업

7. 「선박의 입항 및 출항 등에 관한 법률」에 따른 예선업

8. 「도선법」에 따른 도선업

9. 기타 산업용 기계·장비 임대업 중 파렛트 임대업

7. 음식점업

8. 정보통신업. 다만, 다음 각 목의 어느 하나에 해당하는 업종은 제외한다.

　가. 비디오물 감상실 운영업

　나. 뉴스제공업

　다. 블록체인 기반 암호화자산 매매 및 중개업

9. 금융 및 보험업 중 대통령령으로 정하는 정보통신을 활용하여 금융서비스를 제공하는 업종

10. 전문, 과학 및 기술 서비스업[대통령령으로 정하는 엔지니어링사업(이하 "엔지니어링사업"이라 한다)을 포함한다]. 다만, 다음 각 목의 어느 하나에 해당하는 업종은 제외한다.

　가. 변호사업

　나. 변리사업

　다. 법무사업

　라. 공인회계사업

　마. 세무사업

　바. 수의업

　사. 「행정사법」 제14조에 따라 설치된 사무소를 운영하는 사업

　아. 「건축사법」 제23조에 따라 신고된 건축사사무소를 운영하는 사업

11. 사업시설 관리, 사업 지원 및 임대 서비스업 중 다음 각 목의 어느 하나에 해당하는 업종

　가. 사업시설 관리 및 조경 서비스업

　나. 사업 지원 서비스업(고용 알선업 및 인력 공급업은 농업노동자 공급업을 포함한다)

12. 사회복지 서비스업

13. 예술, 스포츠 및 여가관련 서비스업. 다만, 다음 각 목의 어느 하나에 해당하는 업종은 제외한다.

　가. 자영예술가

　나. 오락장 운영업

　다. 수상오락 서비스업

　라. 사행시설 관리 및 운영업

　마. 그 외 기타 오락관련 서비스업

14. 협회 및 단체, 수리 및 기타 개인 서비스업 중 다음 각 목의 어느 하나에 해당하는 업종

　가. 개인 및 소비용품 수리업

　나. 이용 및 미용업

15. 「학원의 설립·운영 및 과외교습에 관한 법률」에 따른 직업기술 분야를 교습하는 학원을 운영하는 사업 또는 「국민 평생 직업능력 개발법」에 따른 직업능력개발훈련시설을 운영하는 사업(직업능력개발훈련을 주된 사업으로 하는 경우로 한정한다)

16. 「관광진흥법」에 따른 관광숙박업, 국제회의업, 테마파크업 및 대통령령
    으로 정하는 관광객 이용시설업
17. 「노인복지법」에 따른 노인복지시설을 운영하는 사업
18. 「전시산업발전법」에 따른 전시산업

조세특례제한법 제6조 및 동법 영 제5조 참고

만약 내가 영위하려는 업종이 위에 해당하는 업종인지 잘 모르겠다면 담당 회계사에게 꼭 물어보고 확인한다.

과거 동일업종에 대해 창업했다가 다시 창업한 경우 창업세액감면을 적용 받을 수 없다는 점을 주의해야 한다. 일례로 A씨는 과거에 음식점을 운영하다가 세액감면을 적용 받는 중 폐업을 했다. 몇 년이 지나 다른 음식점으로 재창업을 하였다가 이 사실을 모르고 세액감면을 적용 받아 세무서로부터 연락을 받고 세액감면이 취소된 사례가 있다.

셋째, 나의 본점을 수도권과밀억제권역 외 지역에 두고 사업을 영위할 수 있는지 반드시 체크해야 한다. 수도권과밀억제권역에 본점을 두고 사업을 영위하는지 여부에 따라 감면비율이 크게 달라진다.

넷째, 대표자의 나이가 만 34세 미만이고, 법인사업자라면 최대주주에 해당하는지 확인해야 한다.

위 요건을 모두 충족한다면, 앞으로 영위하는 사업에서 최초로 소

득이 발생한 사업연도(소득이 계속 발생하지 않는다면 사업 개시일부터 5년이 되는 날이 속하는 과세연도부터 시작)부터 5년간 100% 법인세와 소득세 감면을 받을 수 있다.

만 34세가 넘은 경우도 업종과 지역 요건을 충족하면 최초로 소득이 발생한 사업연도부터 5년간 50%의 세액감면을 받을 수 있다. 만 34세 미만 청년이고 업종은 해당되는데, 부득이하게 수도권과밀억제권역에서 사업을 해야 한다면, 이 경우도 5년간 50%의 감면이 가능하다.

이 외에도 과밀억제권역 외의 지역에서 창업하는 창업중소기업이 창업일로부터 4년 이내(청년창업중소기업은 5년)에 취득하는 부동산에 대해서는 취득세를 75% 감면한다. 또한, 해당 부동산에 대한 재산세를 창업일로부터 3년간 면제하고, 그 다음 2년간 50%를 감면한다.

 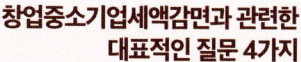

창업중소기업세액감면과 관련한 대표적인 질문 4가지

Q1 실제 업무는 수도권과밀억제권역에서 하지만, 창업중소기업세액감면을 위해 주소지만 과밀억제권역 외에 두어도 될까?

A 과거 몇몇 회사들이 창업중소기업세액감면을 받기 위해 본점 주소지만 수도권과밀억제권역 외에 둔 경우가 있었다. 청년 인플루언서인 A씨는 본점 주소지를 고향인 대전으로 하고 실제 유튜브 촬영 등의 활동은 서울에서 했다. 이를 통해 창업중소기업세액감면을 받아 3년이 넘게 100%의 세액감면을 받았고, 세금을 한 푼도 내지 않았다. 그러던 어느 날 갑자기 세무조사가 나와 통신내역, 법인카드 사용처, 유튜브에 업로드한 노트북의 IP까지 추적하여 수도권과밀억제권역이 아닌 서울에서 주로 활동하였음을 확인하였고, 이로 인해 A씨는 3년간 감면 받은 세액 전체와 가산세까지 추징당했다. 그러므로 실제로 본점(사업장소재지)이 아닌 곳을 단순히 세액감면만을 위해 본점으로 정하는 것은 매우 조심해야 한다.

Q2 나는 이미 수도권과밀억제권역에서 창업을 했는데 수도권과밀억제권역 외로 본점을 옮기면 창업중소기업세액감면을 받을 수 없을까?

A 온라인 교육사업을 하는 만 40세인 B씨는 실제 업무를 전라도 광주에서 하지만 회사 홍보를 위해 서울시 강남구의 비상주 사무실을 본점으로 했다. 뒤늦게 창업중소기업세액감면을 알고 본점을 광주로 이전하였지만 아쉽게도 창업중소기업세액감면을 적용 받을 수는 없었다.

Q3 창업중소기업세액감면을 받기 위해 업종분류를 실제와 다르게 하거나 유사한 다른 업종으로 해도 될까?

A 커피전문점을 운영하는 청년 C씨는 창업중소기업세액감면을 받기 위해 음식점업으로 사업자등록을 했다. 실제 해당 커피전문점에서 간단한 샌드위치, 빵을 팔긴 했다. 하지만 실제 조리시설도 갖추지 않았고, 매출 비중도 샌드위치, 빵 보다는 커피 등의 음료 매출이 월등히 높았다. 그럼에도 불구하고 음식점으로 4년간 창업중소기업세액감면을 통해 100% 소득세 감면을 받았으나 세무조사에서 세액감면 대상 업종이 아닌 것으로 판명돼 수천만 원의 세금을 추징당했다. 우리 세법은 실질과세 원칙이므로 형식상 요건을 갖추었다 하더라도 실질이 그러하지 않다면 실질에 따라 과세를 하는 시스템이다. 따라서, 실제 매출이 발생하는 업종이 감면업종에 해당하는지 꼼꼼하게 확인해야 한다.

Q4 청년을 대표자로 하여 창업중소기업세액감면을 받던 중 청년이 아닌 자가 각자대표로 취임을 하면 창업중소기업세액감면을 계속 받을 수 있을까?

A 받을 수 없다. 애매한 부분이 있긴 하지만 국세청에서는 청년이 대표라 하더라도 각자대표로 청년이 아닌 자가 있다면 창업중소기업세액감면을 받을 수 없다고 한다. 또한 청년이었던 대표자가 다른 사람으로 교체되는 경우도 받을 수 없다.

13

업종별 사업자등록증 발급 요건이 다를까?

사업자등록증, 자격 요건

김대표 사업자등록은 신청하면 바로 되는 거지? 보통 사업자등록증을 발급 받으려면 얼마나 걸릴까?

세무형 특별한 문제가 없다면 일반적으로 사업자등록은 신청일로부터 2일 이내에 처리되며 사업자등록증 발급이 가능해.

하지만 건설업, 제조업, 주류판매업, 운송업 등 몇 가지 특정 사업들은 각 업종마다 꼭 필요한 별도의 자격을 추가로 요구하는 경우가 있어. 그러므로 법인을 설립하기 전, 진행하려는 사업의 성격에 따라 꼭 필요한 자격 요건이 있는지 확인해야 해.

◆ 자격 요건은 업종별로 모두 다르기 때문에 해당 업종과 관련된 협회나 구청에 문의하는 게 빠르다.

예를 들어, 제조업의 경우에 만약 제품 생산 공장이 있다면 공장계약서가 필요해. 공장이 없다면 OEM제조계약서 또는 외주생산계약서가 있어야 사업자등록이 가능해. 건설업의 경우 자본금, 면허증 보유자 여부 등을 조사관이 충분히 검토한 후에 사업자등록이 가능하지.

이외에도 업종마다 필요한 서류가 다르니 사업의 업종 분류에 따라 필요한 면허나 등록증, 혹은 자격요건을 회사 본점소재지의 구청에 문의해 봐. 사업자등록 관련 자격과 증빙을 갖춰서 구청에 신청하면 세무서에서 사업자등록증을 빠르게 발급받을 수 있어.

과세와 면세는
다른 것인가?

면세사업자, 과세사업자, 영세율, 부가가치세

김대표 인터넷에서 찾아보니까 사업자등록에 따라 과세사업자와 면세사업자로 달라진다고 하던데, 과세와 면세의 차이가 뭐야? 면세면 세금을 안 내는 건가?

세무형 면세사업자라고 해서 세금을 모두 안 낸다는 이야기는 아니야. 부가가치세가 과세인지 면세인지 여부를 말하는 거야.

부가가치세법에서는 부가가치세가 면제되는 재화 및 용역을 정해두고 있는데, 나머지 항목은 부가가치세가 과세되는 사업이라고 보면 돼. 일상에서 접하는 식용 농축산수산물, 의료, 교육, 도서, 금융 등이 부가가치세가 면제되는 대표적인 사업이야. 특정 산업이나 활동을 나라에서 지원하고자 하거나, 사회적 취약계층을 보호하기 위해서지. 생활에 밀접하고 국민 모두에게 꼭 필요한 사업들을 나라에서 면세 사업으로 지정해.

면세는 특정 재화나 용역에 부가가치세를 면제하고 있어서 해당 재화나 용역을 공급하는 사업자를 면세사업자로 구분해. 면세사업자에게는 매출에 대한 부가가치세가 없는 대신 매입에 대해 부담한 부가가치세를 공제하지 않아.

반면, 부가가치세와 관련해서 '영세율'이라는 것이 있어. 영세율은 영의 세율로 부가가치세를 과세한다는 의미야. 얼핏 들으면 면세와 차이가 없어 보이지만 사실 완전히 다른 개념이야. 부가가치세는 최종소비자가 부담하는 세금인데, 국외 수출을 하는 사업자의 경우, 최종소비자가 외국인이기 때문에 수출 매출에 대해서 부가가치세를 과세하지 않아. 하지만 수출업자가 과세사업을 한다면 매입하면서 부담한 부가가치세를 모두 공제받을 수 있어. 쉽게 말해 수출업자가 부가세 신고를 하면 낼 세금은 없고 돌려받기만 한다는 의미야.

부가가치세는 사업자가 최종소비자에게 받아서 국가에 대신 납부하는 세금이야. 따라서 판매가격을 정할 때도 부가가치세 부분은 나의 매출이 아닌 국가에 납부하기 위한 세금을 대신 받았다고 생각하면 돼. 부가가치세를 별도로 고려하지 않고 판매가격 전액을 매출로 착각한다면 실제 수익을 과다하게 오인하게 되고, 나중에는 부가가치세 납부로 인해 자금 흐름에 문제가 생길 수 있으니 유의해.

세금의 종류는?

소득세, 농어촌특별세

김대표 부가가치세 면세라도 소득세를 내는 거였구나. 사업하면서 내가 내야 하는 다른 세금은 또 뭐가 있어?

세무형 부가가치세를 포함하여 모든 사업자들이 가장 부담을 느끼는 세금의 종류 중 하나가 바로 사업을 통해 벌어들인 소득에 대해 세금을 내는 '소득세'야. 부가가치세가 면세인 면세사업자도 소득세를 내야 해. 그렇다면 부가가치세와 소득세 외에 또 어떤 세금을 낼까?

법인사업자는 법인세, 법인지방소득세, 법인세 감면분에 대한 농어촌특별세를 내. 개인사업자는 소득세, 개인지방소득세, 소득세 감면분에 대한 농어촌특별세를 소득에 대한 세금으로 부담해.

그 밖에도 부동산이나 차량을 취득할 때 과세되는 취득세, 사업소 연면적 및 종업원에게 지급하는 급여 총액에 따라 과세되는 주민세, 금융업 매출액에 따라 과세되는 교육세, 주식 등 양도 시 과세되는 양도세와 증권거래세, 유상증자할 때 과세되는 등록면허세 등 세금의 종류가 매우 다양해.

세금은 관세, 내국세, 지방세로 구분하는데, 관세는 관세청과 세관에서 관할하며, 내국세는 국세청과 세무서에서 관할해. 지방세는 지방자치단체에서 관할해. 앞으로 사업을 하다 보면 다양한 세금을 내게 될 텐데 이에 대해서는 하나씩 천천히 알아보자.

성공한 사업가의 비밀 노트

세금을 줄이는 합법적인 방법

많은 사업자들의 큰 고민은 세금일 것이다. 세액공제, 세액감면을 통해 합법적으로 절세를 하고 있겠지만, 공제나 감면 외에 추가적으로 세금을 줄일 수 있는 방법에는 무엇이 있을까 고민한다면 다음의 3가지 방법을 소개한다.

❶ 회사의 밸류체인 분할

먼저, 회사의 밸류체인이 간단하지 않고, 기획부터 제조, 생산, 마케팅, 영업의 전 과정을 소화하는 회사라면 밸류체인을 분할하는 방법을 고려해 볼 수 있다. 일단 회사를 분할하면 과세표준이 낮아져서 적용되는 평균세율을 낮출 수 있다. 그리고 분할 시 새롭게 지분을 설계하여 회사의 상속, 증여 계획을 재설계할 수 있다.

> ◆ '밸류체인(Value Chain)'이란 제품이나 서비스가 고객에게 전달되기까지의 과정에서 부가가치를 창출하는 모든 활동을 의미한다.

A 회사는 기계장치를 제조하여 판매 및 대여하는 사업을 운영하던 중 대여업을 강화하고 전문적으로 영위하기 위해 기계장치 대여 부

문을 분할하였다. 존속 법인은 생산 및 품질관리에 집중하고 분할된 신설 법인은 대여 사업 마케팅과 운영 관리에 집중하여 운영의 효율성이 증대되었고 사업부의 영업이익이 두 개의 회사로 나뉘어 법인세 부담을 낮출 수 있었다. 지분가치 역시 두 개의 회사로 분산되어 핵심 사업부인 제조업 법인의 지분을 상대적으로 낮은 증여세를 부담하면서 자녀에게 증여할 수 있었다.

❷ 사내근로복지기금 이용

사내근로복지기금과 관련한 세법의 개정으로 한도 없이 사내근로복지기금에 출원한 금액은 100% 비용처리가 가능하다. 회사가 이익이 많을 때 미리 사내근로복지기금에 출원해 비용처리를 하고 나면 추후 회사 사정이 어려워져도 직원들의 복리후생을 안전하게 챙길 수 있다. 또한 사내근로복지기금을 통해 근로자에게 제공되는 혜택은 모두 비과세되기 때문에 근로자 입장에서도 실질소득이 증가하는 효과가 있다.

사내근로복지기금으로 사용할 수 있는 항목에 대해 예를 들자면 생활자금, 주택구입 및 전세자금 대출, 근로자와 자녀를 위한 장학금 지급, 의료비 지원, 사택 지원 등이 있다. 단, 사내근로복지기금에 출원한 자금은 근로자를 위해서만 써야 한다.

❸ 경영인정기보험 이용

저축과 보장 두 마리 토끼를 잡는 방법이다. 경영인정기보험은 주요 임원의 유고 시 회사의 경영을 안정적으로 지키기 위해 보험사에서 전략적으로 만든 상품이다. 만기 시 환급금이 없어 납입 보험료는 전액 비용처리가 되며, 보장 기간 동안 경영인의 사망보험금을 보장받게 된다. 그리고 보험을 중도에 해지하면 해지환급금이 발생하는데 보통 5~10년 구간의 환급율이 90~100%이다. 그간 납입한 보험료를 전액 비용처리하였으니 당연히 환급금을 받게 되면 전액 수익처리가 된다. 단순히 생각하면 조삼모사 같지만 5~10년 기간 안에 은퇴 계획이 있거나 자산 취득 계획이 있다면 유용하게 사용될 수 있다.

예를 들어, 10년 후 대표이사에서 퇴직할 계획인데 그간 경영에 몰두하느라 임원퇴직금을 적립하지 못하였다면 경영인정기보험을 가입해 비용처리하고, 10년이 되는 시점에 보험을 해약해 받은 해약환급금으로 대표이사 퇴직금을 지급하는 것이다.

그렇다면 확정기여형 퇴직급여제도를 이용해 매년 퇴직연금을 불입하고 비용처리하는 것이 더 낫지 않을까 하는 의문이 들 수도 있다. 물론 퇴직연금을 불입하여 비용처리도 가능하나, 퇴직소득세는 세율이 가장 낮은 세금 중에 하나이기 때문에 대표자 입장에서는 퇴직금을 최대한 많이 수령해야 절세 효과가 높다. 따라서 임원퇴직금에 대하여는 확정급여형 퇴직금제도를 운영하고 그 재원 마련을 경영인정기보험으로 준비하는 것도 좋은 방법이다. 퇴직금 불입액은 중도 퇴사나 법에 규정한 사유가 아니면 중도 해지가 불가능하나, 경영인정기보험의 경우 기업에 애로사항이 있을 시 언제든 해지가 가능하기 때문에 환급성이 용이하다. 여기에 더해 보험료를 납입하는 기간 동안 경영자의 갑작스러운 사망 시 보험금을 받게 되므로 비상 시 보험금을 통해 경영권 승계에 필요한 자금을 일부 확보할 수 있다.

2장

시작하는 기업의 세무 관리

01

자본금을 가장납입하면, 어떤 문제가 발생할까?

가장납입, 가지급금

김대표 형, 높은 자본금이 부담이라서 아직 법인통장에 입금을 안 했어. 문제 없겠지?

세무형 IMF 시절인 1998년에 대우그룹이 왜 해체했는지 알아? 물론 다양한 이유가 있겠지만 가장납입도 그 이유 중 하나였어. 그룹 내 자회사 간 자금 이동을 통해 허위로 자본금을 늘린 것처럼 꾸며서 그룹이 연쇄 파산하였고, 이는 IMF시대의 시발점이 되었어. 이와 비슷한 사례가 하나 더 있어. 1997년에 파산한 한보그룹도 철강 사업에 막대한 돈을 투자하면서 자본금을 부풀리기 위해 가장납입을 했어. 자본금을 부풀리는 건 주로 회사의 재정 건전성이 높아 보이도록 하기 위해서야. 자본금이 높다는 것은 그만큼 충분한 자본력을 보유하고

◆ '가장납입'이란, 자본금을 출자하기로 하였으나 재무제표상에만 자본금을 늘리고 실제는 자본금 납입을 하지 않은 것을 의미한다.

있다는 의미인데 가장납입, 즉 납입을 하지 않았으니 거짓이라고 할 수 있지. 이를 기반으로 대규모 대출을 받아 사업을 확장하다가 결국

파산했지.

가장납입은 상법 제628조에서 정하고 있는 납입가장죄에 해당되어 5년 이하의 징역 또는 1500만 원 이하의 벌금에 처해지는 범죄야. 그 뿐만 아니라 형법 제228조, 제229조상 공정증서의 부실기재 또는 위조로도 볼 수 있어서 형사 처벌의 대상이 될 수도 있어.

가장납입 문제는 자본금을 최초로 출자할 때만이 아니라 유상증자를 할 때도 동일하게 적용돼. 그러므로 잊지 말고 자본금을 필히 납입해야 해. 법인을 설립한 후 통장개설과 동시에 바로 진행해야 해. 그래야 형사 처벌의 위험과 가장납입으로 인한 세 부담 또한 피할 수 있어.

가장납입은 세무상 부당 행위로 판단하기 때문에 가지급금으로 처리돼. 그러면 인정이자계산, 대표자 인정상여로 처리되어 법인세와 소득세 모두 세 부담이 증가하는 불이익이 있으므로 법인 운영 시 꼭 주의해.

◆ '가지급금'이란 회사 자금을 대표가 임의로 인출한 금액을 말한다. 가지급금에 대한 자세한 내용은 85쪽에서도 설명하니 참고하자.

02

창업 초기에 급여는 어떻게 처리할까?

미지급급여, 4대보험료

김대표 형, 나 아직 매출이 없어서 좀 그렇지만, 내 급여는 어떻게 해야 해?

세무형 매출이 없는 법인 초기 단계에서는 세 가지 방법으로 급여를 처리할 수 있어.

첫째, 매출이 정상적으로 발생할 때까지 대표자 급여를 무보수로 처리하는 방법이 있어. 둘째, 4대보험료 부담을 최소로 하는 수준의 아주 낮은 급여로 설정하는 방법이 있어. 셋째, 정상적인 수준의 급여를 설정하고 일단은 미지급급여로 계속 적립하는 방법이 있어.

무보수로 급여를 설정하면 회사에는 아무런 부담이 되지 않아. 하지만 급여를 설정하면 대표자의 급여를 실제로 지급하는지의 여부와 상관없이 4대보험료는 매달 정상적으로 납부해야 해.

반대로 급여를 무보수로 처리하면 국민연금, 건강보험이 모두 직장가입자가 아닌 지역가입자로 분류돼. 지역가입자는 소득 외에도 재산, 자동차 등 다양한 기준으로 보험료가 산정되기 때문에 직장가입자에 비해 상대적으로 높은 보험료를 부담할 수 있어. 그러므로 이 부분에 대해 미리 고민하고 검토하는 것이 좋아.

추후 매출이 발생했을 때 그동안의 수고에 대한 보상이라 생각하고 한꺼번에 큰 금액을 상여로 처리할 수 없다는 점도 주의해. 임원상여는 반드시 정관 규정에 따라 지급해야 하므로 차곡차곡 미지급급여를 쌓아 두는 것도 대표가 열심히 일한 대가를 미리 적립한다는 측면에서 좋은 방법이 될 수 있어.

다만, 미지급급여는 재무상태표상 부채에 해당하므로 급여를 높게 설정하고 계속 미지급하게 된다면 재무제표에 악영향을 미칠 수 있어. 반대로 매출이 없는데 계속 급여가 지급되면 급여원천에 대한 자금출처 문제로 세무조사를 받게 될 수 있으니 참고해.

이처럼 대표자 급여를 설정할 때 여러 가지 고려해야 할 사항들이 많아. 회사의 매출 수준과 이익, 일정한 수익 발생 여부, 매월 현금 흐름 등 다양한 부분을 고려해야 하므로 전문가에게 구체적인 상황을 설명하고 함께 상의해 현재 상황에 맞는 최적의 급여 전략을 짜는 게 좋아.

급여로 설정하는 금액은 얼마든지 상관없는 걸까?

건강보험이 부과되는 하한 급여는 월 27만 원이며, 국민연금 하한 급여는 월 33만 원이다. 이보다 급여를 낮게 하면 4대보험은 부과되지 않는다. 다만, 기존에 지역가입자에서 직장가입자로 전환하고자 한다면 전략적으로 월 33만 원 이상을 급여로 책정하는 것도 방법이다.

법인대표자 급여설계 시 한계세율을 제대로 알자

　소프트웨어개발업을 영위하는 A대표의 법인의 순이익이 10억 원 넘게 발생하고 있음에도 대표자 연봉은 8천만 원 밖에 되지 않았다. "대표님, 순이익에 비해 연봉이 너무 낮습니다. 연봉을 좀 올리시는 게 어떠세요?" 라고 물었더니, "연봉 8천만 원 초과분은 38%의 세금 나온다고 해서 아까워서 못 올리겠어요." 라며 안타까워했다. 과연 8천만 원 초과분은 38%가 세금으로 나올까?

　세금에 관심이 많은 편이라면 자신의 소득세율에 대해 어느 정도 파악하고 있을 것이다. 대다수가 연소득 8800만 원 이하는 26.4%, 1.5억 원 이하는 38.5%, 1.5억 원 초과 시 엄청난 고율의 세금을 부담한다는 것 정도는 알고 있다. 하지만 반은 맞고 반을 틀리다. 세율은 정확하나, 연소득에 곧바로 해당 세율을 적용하는 것은 아니기 때문이다.

　일반적으로 사업자는 수익에서 비용을 차감한 순이익에 세율을 적용해 납부할 세액을 산정한다. 반면, 급여소득자의 경우 사실상 인정되는 비용이 없기 때문에 연소득을 기준으로 소득세율을 적용하게 된다면 사실상 소득의 대부분이 세금으로 귀속되게 될 것이다. 이러한 불합리성을 해소하기 위하여 우리 세법에서는 근로소득자의 소득의 일부를 비용으로 공제해주는 근로소득공제제도를 두고 있다. 간단히 설명하자면 우리가 생계를 하는 데 필수적인 생계비를 추산하여 그 금액만큼 연소득에서 차감해주는 제도이다.

아래 근로소득 공제표를 보면 총 급여에 따라 공제율이 달라지며 소득이 높을수록 공제율이 낮아짐을 확인할 수 있다. 쉬운 이해를 위해 표의 가장 우측 열에 총 급여의 기준금액별 근로소득금액, 즉 총 급여에서 근로소득공제액을 차감한 금액을 정리했으니 참고바란다.

총 급여액	근로소득공제액	기준급여의 근로소득금액
500만 원 이하	총 급여액의 100분의 70	150만 원
500만 원 초과 1천 500만 원 이하	350만 원+(500만 원을 초과하는 금액의 100분의 40)	750만 원
1천 500만 원 초과 4천 500만 원 이하	750만 원+(1천 500만 원을 초과하는 금액의 100분의 15)	3300만 원
4천 500만 원 초과 1억 원 이하	1천 200만 원+(4천 500만 원을 초과하는 금액의 100분의 5)	8525만 원
1억 원 초과	1천 475만 원+(1억 원을 초과하는 금액의 100분의 2)	3억 4250만 원

소득세법 47조 근로소득공제(2025) 참고

A대표가 연봉을 1억 원으로 인상한다면 실제 적용되는 한계세율은 얼마일까? 연소득이 1억 원인 경우 많은 이들이 자신의 한계세율을 38.5%라고 착각하지만, 위의 표에서 알 수 있듯이 실제 근로소득공제액을 차감한 소득금액은 8500만 원이기 때문에 26.4% 구간에 해당된다. 이는 무려 12%에 달하는 큰 차이다.

위의 경우는 근로소득공제액만 차감한 소득금액이기 때문에 실제 연말정산 시 적용되는 각종 공제 항목들을 적용하면 실제 한계세율은 더 낮아질 수도 있다. 그렇다면 나의 한계세율을 정확히 아는 것이 왜 중요할까?

법인사업자의 경우 대표자 급여는 비용으로 처리되므로 대표자 급여만큼 법인세 차감 전 순이익이 감소하기 때문에 법인세 절감 효과가 발생한다. 한편, 법인세를 납부하고 남은 법인의 잉여금을 개인 재산으로 귀속시키기 위해서는 결국 배당을 통해야 한다. 따라서 급여처리를 하는 경우와 법인세를 납부한 후 배당을 통해 개인 자산화하는 경우의 세율을 비교해야 절세를 위한 최적의 급여 수준은 얼마인지를 찾을 수 있을 것이다.

예를 들어 우리 회사의 법인세 한계세율이 20%라면 배당은 법인세 납부 후의 재원으로 하므로 배당세율 14%를 합한 34%가 배당으로 받아가는 소득의 세율이 된다. 그러니 나의 급여한계세율이 34%보다 낮다면 급여를 더 올리는 결정이 합리적일 수 있다.

03

대표자 개인카드를 사용할 때 주의할 점은?

법인카드, 법인경비

김대표 형, 정신없이 바쁘다 보니 법인에서 필요한 비품을 내 개인카드로 샀어. 문제는 없겠지?

세무형 웬만하면 법인카드를 이용하는 게 가장 깔끔하지. 대표자 개인카드로 구매하더라도 비용처리는 가능해. 대신 명확하게 법인경비로 사용한 것인지 소명해야 해. 만약 법인경비로 쓴 것이 확실하다면 비용처리 및 부가세매입세액공제가 가능해. 하지만 이 경우에도 접대비 성격의 비용이라면 비용처리가 안 돼. 접대비는 대표자 개인카드뿐만 아니라 직원카드로도 3만 원 이상의 접대비는 인정되지 않으니 반드시 법인카드를 사용해.

　법인카드와 대표자 개인카드는 단순히 비용처리상의 문제만이 아니라 법인과 개인의 자금 관리 차원에서도 반드시 때에 맞게 분리하여 사용하는 것이 좋아. 개인카드로 계속 법인자금을 사용한다면 법인의 자산부채 투명성이 낮아져. 이는 법인에 적절한 부채가 계상되지 않게 되고, 추후 법인자금이 있더라도 대표가 사용한 비용을 법인으로부터 돌려받지 못하여 손해가 발생할 수 있어.

◆ '계상'이란 '계산하여 회계 장부나 재무관리표에 올린다'는 의미이다.

사업자용 카드가 아닌 개인카드로 사용한 금액은 세무서에서도 실제 사업과 관련된 비용이 아닐 거라는 의심을 할 수 있어. 그러므로 굳이 불필요한 의심을 살 필요는 없으니 법인카드를 사용하는 것이 좋아. 회사에 자금이 부족하다면 가수금을 법인에 입금한 후 법인카드를 사용하면 돼. 그러면 거래의 복잡도가 훨씬 낮아져 비용처리에도 용이하고 법인 재무제표 관리에도 훨씬 도움이 돼.

법인을 운영하는 대표로서 법인(회사)과 개인은 별개라는 마인드를 꼭 가져야 해. 그러니 개인카드 사용은 지양하고 꼭 법인카드를 쓰도록 하자!

04

현금결제 시 할인을 받는 게 진짜 이득일까?

매입세액공제

김대표 형, 이번에 공장에 필요한 기계를 살건데, 업체에서 증빙 없이 현금결제하면 10% 할인을 해주겠다고 하네. 할인이니까 좋은 거지?

세무형 아니야! 이건 면세사업자도 아니고 과세사업자인 너에게 굉장히 바보 같은 제안이야! 업체에서 제시한 10% 할인은 부가세 수준이라서 부가세매입세액공제가 되기 때문에 부가세 신고 후 돌려받게 될 금액이야. 뿐만 아니라 부가세를 제외한 매입금액 전부 추후 비용처리가 되기 때문에 법인세 절감 효과까지 감안하려면 업체에서 최소 20%는 할인을 해줘야 협상의 여지라도 있는 이야기야.

그렇다면, 만약 업체에서 20% 이상 할인해 준다고 하면 괜찮은 조건일까? 이 또한 그럴싸한 조건일지라도 하지 않는 것이 좋아. 현금결제를 법인자금으로 하게 되면, 그 자금은 가지급금이 되어 인정이자 등 세무상의 불이익이 발생하게 돼. 내 개인자금을 납입하지 않는 이상 가지급금을 없애기는 쉽지 않아.

그 뿐만 아니라 아무런 증빙 없이 거래를 하는 것은 보증이나 A/S 문제도 발생할 수 있어. 그러므로 모든 거래에 세금계산서, 지출증빙용 현금영수증, 또는 법인카드 매출전표 같은 적격증빙은 꼭 기억하고 항상 잘 챙기자.

05

거래처 접대비(리베이트)는 얼마 정도가 적당할까?

리베이트 접대비 한도

김대표 사업을 하다 보니 거래처에서 리베이트를 요구하는데, 리베이트는 어떻게 줘야 해?

세무형 일반적으로 중소기업의 접대비 기본 한도는 3600만 원이고, 추가 한도는 매출액에 따라서 달라져. 연간 매출액을 기준으로 100억 원까지는 해당 매출액의 0.3%, 100억 원 초과 500억 원 이하에 대해서는 0.2%, 500억 원 초과분은 0.03%의 추가 한도가 더해지지. 다만, 특수관계가 있는 거래 상대방에 대한 매출액에 대해서는 계산한 추가 한도 금액에 10%만 반영하도록 되어 있어. 한도를 초과한 접대비는 비용처리가 되지 않으니 주의가 필요해.

예를 들어, A기업의 연 매출액이 10억 원이라고 가정할 경우, 접대비 한도액은 3900만 원이고, 회사가 접대비로 1억 원을 썼다면 6100만 원의 접대비는 모두 비용처리가 되지 않고 부인돼. 그러므로 대략 회사의 평균 매출을 통해 접대비 한도를 파악하고 월별 예산을 계획하여 예산에서 접대비가 초과되지 않도록 자금을 집행하는 것이 좋아.

<u>접대비는 특히 다른 비용보다 적격증빙이 굉장히 중요해.</u> 반드시 법인카드를 사용하거나 세금계산서, 현금영수증을 받아야 해. 거래처에서 현금을 요구한다고 그냥 지급해버리면 증빙이 없어 비용으로 인정받지 못해. 무증빙 지출은 가지급금이나 대표자 상여로 처리되어 법인세와 대표자 소득세 부담을 증가시키고 세무서에서도 이를 불명확한 자금 흐름이라고 판단하여 세무조사 대상으로 선정될 위험이 커져. 그러니까 적격증빙을 반드시 챙기고, 적격증빙을 받기 어렵다면 회사 내 지출결의서를 작성하고 관련 서류를 보관하는 등의 기록을 꼭 남겨둬야 해.

현금이나 지출이 증빙되지 않는 접대는 장기적으로 법인에 불이익을 가져오므로 사업상 반드시 필요한 게 아니라면 거래처와 상의하여 투명한 방식으로 논의하는 것이 좋아.

> ◆ '적격증빙'이란 법에서 정하고 있는 경비처리로 인정되는 증빙자료를 의미한다. 이외의 증빙자료로 대신하는 경우, 비용으로 인정받기 어렵거나 가산세를 지불할 수 있으니 유의한다.

06

거래처가 세금계산서(계산서)를 발행하지 않는다면?

매입자발행세금계산서(계산서)

김대표 형, 거래처가 돈은 지급했는데 세금계산서 발행도 안 해주고 연락도 안 받아. 어떡하지?

세무형 간혹 거래처에 돈을 지급하였는데도 세금계산서를 발행해주지 않고 차일피일 미루는 경우가 있어. 이럴 때는 우선 거래처에 다시 한 번 연락을 해보고 잘 설득해서 세금계산서 미발행에 따른 가산세 부과나 법적 책임이 발생할 수 있음을 고지하고 세금계산서 발행을 유도해 봐.

그래도 발행하지 않겠다고 한다면 방법은 있어. 바로 '매입자발행세금계산서(계산서) 제도'를 이용하는 거야. 원래 세금계산서는 매출처(판매자)가 발행해야 하는데, 매출처에서 세금계산서를 발행하지 않는 이런 경우를 위해 준비된 제도이지.

매입자발행세금계산서를 발행하려면 먼저 거래가 존재하였다는 증거를 세무서에 제출해야 해. 계약서나 영수증, 계좌이체 내역, 거래

증명서, 견적서 등 거래처와 주고받은 자료가 모두 증거가 될 수 있어. 세무서가 관련 자료들을 충분히 검토한 후 발행을 승인하면 매입자가 직접 세금계산서를 발행할 수 있게 되고, 이를 토대로 매입세액공제를 받을 수 있어. 따라서 적격증빙을 못 받는 위험을 방지하기 위해서는 항상 거래 진행 단계마다 계약서 등의 거래 기록을 꼭 남기는 습관을 갖는 것이 좋아.

　만약 거래처가 자주 혹은 지속적으로 세금계산서를 발행하지 않는다면 해당 거래처와의 거래는 장기적으로 세무 리스크가 생길 수 있어. 따라서 거래처 변경을 고려해 봐야 하고, 문제의 거래처를 국세청에 탈세문제로 제보하는 것도 가능해.

◆
국세청에 탈세 제보를 할 경우에는 홈택스 홈페이지 > 전체메뉴 > 상담/불복/제보 > 탈세 제보를 차례로 선택하여 신고할 수 있다.

07

법인에서 상품권을 구매할 때 주의할 점은?

상품권관리대장

김대표 법인 접대용으로도 쓰고 직원들 복리후생 목적으로 상품권을 구입할까 하는데, 특별히 주의해야 할 점이 있을까?

세무형 간혹 법인에서 복리후생의 목적으로 상품권을 구매하여 직원들에게 지급하는 경우가 있지. 상품권을 구매할 때는 적격증빙을 받지 못하기 때문에 거래 기록 관리 차원에서 법인카드로 구매해야 해. 그리고 '상품권관리대장'을 반드시 구비하고, 지급처와 사용 목적을 기록해야 해. 만약 실제 사용 목적이 불분명한 경우 상품권 사용액은 모두 사적 사용으로 간주되어 대표자 상여로 처분되고 세무조사의 대상이 될 수 있어. 또한 세무조사 시 상품권을 사용한 회사는 반드시 그 사용에 대해 조사받게 되므로 상품권관리대장의 중요성은 계속 강조하고 싶네.

상품권의 사용 목적과 구체적인 사용처를 잘 관리해야 직원들의 복리후생비, 고객 사은품으로 제공하는 경우의 판매촉진비, 거래처 선물 등으로 제공한 접대비 등으로 적절하게 처리할 수 있다는 점을 꼭 기억해.

상품권을 임직원에게 지급한 경우에는 소득세 과세 문제가 발생할 수 있어. 직원 복리후생비로 상품권을 제공했더라도 상황에 따라 근로소득으로 간주되어 소득세원천징수 의무가 발생할 수 있어. 그러니까 임직원에게 상품권을 지급하려면 모든 임직원에게 균등하게 지급해야 하고, 지급 사유와 지급액이 사회통념상의 범위를 초과하지 않아야 해. 따라서 언제, 어떻게 지급할지 구체적으로 정해야 해.

예를 들어, 설, 생일, 추석에 20만 원씩 지급한다고 기준을 정했으면 해당 이벤트가 있는 시점에 정확하게 20만 원씩 지급하고 지급받은 자와 지급일자, 지급액을 상품권관리대장에 구체적으로 기재해야 해.

상품권을 구매할 때는 선급비용으로 회계처리를 하고, 실제 사용 시에는 해당 비용을 처리하므로 구매 시점에서 비용처리가 되지 않는다는 점도 참고해.

08

경조사비는 어떻게 처리해야 할까?

경조사비, 복리후생비

김대표 형, 이번에 거래처 사장님의 따님이 결혼을 한다고 해. 축의금은 얼마 해야 할까? 축의금을 내면 비용처리 가능하지?

세무형 응, 경조사비는 비용처리가 가능해. 회사 임직원에 대한 경조사비는 복리후생비로 처리할 수 있고, 업무와 관련된 거래처의 경조사비는 접대비로 처리할 수 있어. 다만 업종에 따라 주의가 필요해.

예를 들어, 부동산 임대업이나 소매업(음식점, 카페 등)처럼 업종 특성상 접대할 거래처가 많지 않은 경우, 경조사비를 과도하게 비용처리하면 세무조사에서 부인당할 가능성이 높아. 또, 업무와 관련 없는 친인척 경조사비는 법인 비용으로 인정되지 않으므로 조심해야 해.

통상적으로 비용처리를 하려면 적격증빙이 필요한데, 경조사비는 적격증빙을 받는 게 사실상 불가능해. 그래서 경조사비를 지출하는 경우에는 청첩장이나 부고장을 실물로 보관하거나 사진으로 남겨두는 것이 좋아.

거래처 접대비로 처리되는 경조사비는 건별 한도가 20만 원이야. 만약 경조사비로 30만 원을 썼더라도 장부에 30만 원으로 기록하면 세무조사에서 전액 부인당할 수 있어. 그러므로 30만 원을 지급하였다고 하더라도 20만 원까지만 비용으로 처리하는 것이 좋아. 물론 적격증빙이 있으면 20만 원을 넘겨도 인정받을 수 있지만, 경조사 자리에서 적격증빙을 요구하는 건 좀 이상하게 보일 수 있겠지?

반면에, 임직원 경조사비는 20만 원을 초과하더라도 회사 복리후생비 지급 규정에 따라 지급하면 가능해. 하지만 사회통념상 과다하게 지급한 경우에는 문제가 될 수 있으니 적정한 수준에서 처리해. 이런 점들만 잘 지킨다면 경조사비도 적절히 비용으로 처리할 수 있을 거야.

가지급금이 왜 생기는 걸까?

가지급금, 인정이자

김대표 열심히 영업하고 일했는데 재무제표를 보니까 가지급금이 꽤 큰 거야. 왜 그래? 가지급금이 왜 발생한 거야?

세무형 법인을 운영할 때 가장 조심해야 할 요소가 바로 가지급금이야. 영업에 집중하다 보면 적격증빙을 제대로 챙기지 못하거나 급하게 법인통장에 있는 현금을 써야 할 때가 있는데, 그런 비용들이 모두 적격증빙이 없어서 비용처리가 되지 못하면 가지급금으로 남게 되는 거야.

가지급금은 재무제표에 자산으로 기록되지만 실제로 회수가 불투명한 금액이기 때문에 여러 가지 불이익이 발생할 수 있어. 우선 가지급금으로 인한 세무상 불이익이 발생해. 세법에서는 가지급금이 발생하게 되면 그 금액만큼 회사가 대표자에게 돈을 빌려준 것으로 보고 법정이자율인 4.6%에 대한 이자를 '인정이자'로 간주해. 인정이자는 회사의 소득으로 보기 때문에 그만큼 법인세를 추가로 부담해야 하고,

대표자가 이자를 납입하지 않는다면 대표자 상여로 처분되어 추가로 소득세를 부담해야 할 뿐만 아니라 4대보험까지 추가 납부해야 해.

또한, 차입금이 있다면 일반적으로 차입금에 대한 이자 비용은 세무상 비용으로 처리가 되지만, 가지급금이 존재하는 상태에서 차입금이 있다면 불필요하게 차입한 것으로 간주하고 가지급금 비율만큼 이자 비용이 비용처리가 되지 않아. 그러니 가지급금 때문에 세금 손실이 어마어마하겠지?

세무적 불이익만 있는 게 아니야. 대출이나 투자를 유치할 때도 큰 불이익이 생겨. 왜냐하면 은행이나 투자자들이 재무제표를 볼 때 가지급금이 많다면 회사가 투명하게 운영되고 있지 않다는 인식을 가질 수 있기 때문이야. 이는 기업의 신뢰도에 악영향을 미치기 때문에 대출이나 투자 유치에 어려움을 줄 수 있어. 그래서 법인 운영할 때 적격증빙의 중요성은 아무리 강조해도 지나치지 않다는 거야.

가지급금을 없애는 여러 가지 방법

사업을 하다 보면 나도 모르게 생기는 것이 가지급금이다. 영업하느라 접대하느라 정신없이 지내다 보면 어느새 재무제표에는 나도 모르는 가지급금이 남게 된다. 세무상 가지급금이 있으면 매우 큰 불이익이 발생한다. 가지급금에 대한 이자를 계산해 그만큼 상여로 처분되거나 회사에 이자를 실제로 지급해야 한다. 그 뿐만 아니라 차입금이 있다면 가지급금의 비율에 해당하는 차입금에 대한 이자는 비용으로 인정받지 못하게 된다. 또한 은행 거래 시 신용평가에서 불리하게 작용하고 최종적으로는 가지급금과 이자 전체가 대표자에게 상여로 처분될 수 있어 여러모로 불이익이 많다.

가지급금을 없애기 위해서는 대표자가 회사에 그만큼의 현금을 납입하거나, 급여, 상여, 혹은 배당을 통해서 가지급금을 해결할 수 있는데, 이 방법 외에 다른 방법도 있다.

❶ 회사에 자기주식을 매각하는 방법

회사에 자기주식을 매각하고 이익소각하면 취득가와 매각가액의 차액이 배당된 것(의제배당)으로 보고 세금이 발생한다. 이때 발생하는 세금을 피하기 위해 부부간주식을 증여한 다음 자기주식을 매각하는 방법을 생각해 볼 수 있다. 부부간주식을 증여하면 6억 원까지 증여세가 공제되고, 증여 후 자기주식을 매각하면 취득가액과 매각가액이 유사하거나 차이가 없으므로 배당으로 여겨질 시세차익이 발생하지 않게 된다. 이를 통해 세금 없이 가지급금을 없앨 수 있다. 단, 우리 세법은 실질과세원칙이기 때문에 단순히 이 방법으로 가지급금을 해소하면 실질과세원칙에 따라 과세될 수 있다. 왜냐하면 가지급금은 대표자의 가지급금이지 아내의 가지급금이 아니고, 자기주식을 처분한 대가는 아내의 것이지 대표자의 것이 아니기 때문이다. 따라서 가지급금을 없애기 위한 단순한 조세 회피 행위로 판단하게 되면 낭패를 볼 수 있다.

부부간증여를 통한 이익소각으로 문제가 되었던 사례와 그렇지 않은 사례를 살펴보자. A대표는 배우자가 보유하고 있던 주식 중 일부를 증여 받고 증여재산공제 6억 원을 일부 초과하는 금액에 대하여 증여세를 납부하였으며 충분한 시간이 흐른 뒤 회사에 양도하였다. 회사는 대표이사 가지급금과 A대표에게 지급해야 할 주식양수대금을 상계

처리하고 해당 주식을 이익으로 소각하였다.

반면 B대표는 본인이 보유하고 있던 주식 중 일부를 배우자 증여재산공제 한도인 6억 원에 맞추어 배우자에게 증여하였고 배우자 증여재산공제를 통해 증여세를 1원도 납부하지 않았다. 이후 배우자는 해당 주식을 곧바로 회사에 양도하였고 회사는 배우자에게 지급해야 할 주식양수대금과 B대표이사의 가지급금을 상계처리하였다.

결과적으로, A대표는 일련의 모든 거래가 정상적이라고 인정되어 세무상 문제가 발생하지 않았으나, B대표의 경우 대표이사가 직접 회사에 주식을 양도하는 경우 발생하게 될 양도소득세를 회피하기 위한 요식 행위로 판단하였고, 실질과세원칙에 따라 B대표가 직접 주식을 회사에 양도한 것으로 보아 거액의 세금이 추징되었다. B대표처럼 되지 않기 위해서는 상법과 세법에 어긋나지 않도록 완벽한 준비가 반드시 필요하다.

❷ 대표자가 개인적으로 가진 특허를 이용하는 방법

대표자가 창업 전에 창업을 위해 특허를 취득하였고, 그 특허를 이용해 회사의 매출 혹은 영업에 도움을 받고 있는 경우가 종종 있다. 이런 경우 대표자의 특허를 외부 평가 기관을 통해 그 가치를 평가받고 법인에 매각하여 가지급금을 해결할 수도 있다. 단, 특허가 반드시 회사의 사업과 연관성이 있어야 하며, 대표자 명의의 특허이나 회사의 비용으로 특허를 취득했다면 인정되지 않는다. 특허권을 매각하여 발생한 소득은 대표자의 기타소득으로 처리되고 60%는 비용으로 인정받기 때문에 낮은 세금을 부담하고 가지급금을 해결할 수 있는 방법이다.

10

감가상각이란 무엇일까?

내용연수, 감가상각

김대표 올해 시설에 투자하느라 쓴 돈이 번 돈보다 훨씬 많은데 세금이 왜 나와? 이해가 안 되네. 왜 그런지 알려줘, 형!

세무형 매출보다 매입이 더 많으면 비용이 더 크니 세금이 없는 게 일반적이야. 하지만 유형자산이나 무형자산을 취득했다면 다를 수 있어. 100만 원 미만의 소모품 등은 구입한 사업연도에 즉시 비용처리가 가능하지만 건물이나 구축물, 기계장치, 시설장치, 공구와 기구 등의 유형자산이나 소프트웨어, 특허권 등 무형자산을 취득했다면 당해 년도에 즉시 비용처리가 되지 않고 세법상 기준 내용연수에 따라 감가상각되면서 비용처리가 돼. '감가상각'이란 시간이 지나면서 사용 가치가 감소하는 자산을 일정 기간 동안 나누어서 비용처리하는 거야.

◆ '내용연수'란 세법상 규정한 유형자산의 사용 기간으로, 해당 기간 나누어 비용처리가 된다.

예를 들어, 1000만 원짜리 기계장치를 5년간 사용한다면 매년 2백만 원씩 비용처리하는 방법을 감가상각이라고 해.

감가상각 방법에는 일반적으로 정률법과 정액법이 있어. 상각 방법은 세무서에 신고하고 결정할 수 있어. 상각 방법을 신고하지 않은 경우에는 정률법(건축물과 무형자산은 정액법)으로 결정돼. 정률법은 자산의 장부 금액에 일정 비율을 곱해서 비용처리를 하는 방법이야. 따라서 구입 초반에 비용처리가 많이 되고 시간이 지날수록 점점 그 금액이 줄어들지. 반면에 정액법은 내용연수 동안 일정한 금액으로 비용처리가 되는 방법이야. 유형자산 취득이 많아 빠르게 비용처리하고 싶다면 정률법을 선택하는 것이 좋고, 초기 투자를 위한 재무제표 관리를 위해 비용을 줄이고 싶다면 정액법을 선택하는 편이 좋아. 그리고 한국채택국제회계기준에서는 일반적으로 정액법을 사용하니 나중에 상장까지 생각한다면 미리 정액법을 선택하는 것도 좋은 방법이야.

업무용 승용차 구입 시 주의할 점이 있을까?

업무용 승용차, 차량운행기록부

김대표 이제 나도 영업을 다니기 편하게 차를 한 대 사려고 하는데, 아무거나 사도 돼? 주의해야 할 사항이 있을까?

세무형  최근에 법이 바뀌어서 2024년 1월부터 취득가액이 8000만 원을 초과하는 차량에 대해서는 연두색 번호판을 부착해야 해. 아무래도 너무 비싼 차량은 구입이 망설여지지. 그 뿐만이 아니야. 차량은 유형자산이라서 감가상각을 통해서 비용처리가 되는데, 연간 800만 원 한도로 비용처리가 가능해. 그러니 비싼 차량을 구입한다 해도 연간 800만 원 이상은 비용처리가 어려워. 예를 들어, 8000만 원짜리 차량을 구입한다면 10년은 타야 전액 비용처리가 가능한 거야. 리스나 렌트의 경우도 비용처리 한도는 같아. 보험료, 자동차세 등을 제외한 임차료상당액에 대해서 감가상각 한도와 동일하게 800만 원만 비용처리가 가능해.

일단 법인은 반드시 임직원전용보험에 가입해야 해. 회사의 임직원 혹은 업무상 거래처 외에는 보험 적용이 안 되므로 임직원이 아닌 가족이 운전하는 경우 상당한 주의가 필요해. 단, 경차나 9인승 이상 승합차, 화물트럭은 영업용 차량으로 분류되기 때문에 임직원전용보험에 가입하지 않아도 괜찮아. 개인사업자라면 차량 1대에 한해서 임직원전용보험에 가입하지 않아도 비용처리가 돼. 하지만 2대부터는 임직원전용보험에 필수로 가입해야 해.

업무용 승용차를 운용하는 경우에는 반드시 차량운행기록부를 작성하는 게 원칙이야. 하지만 회사에 불필요하게 과중한 업무부담을 주는 것으로 판단해서 규정이 좀 바뀌었어. 연간 1500만 원 이내(감가상각비 800만 원, 차량유지비 700만 원)로만 비용처리할 예정이면 차량운행기록부를 작성하지 않아도 괜찮아. 만약 더 높은 한도가 필요하다면 차량운행기록부는 필수로 작성해야 해. 차량운행기록부를 작성할 경우 사적 사용 비율과 공적 사용 비율을 구분하여 계산해야 하고, 사적 사용 비율만큼은 제외하고 비용처리가 가능하니 이 점도 참고해.

3장

성장하는 기업의 세무 관리

01

'성실신고확인대상'이란?

성실신고확인대상, 세액공제

김대표 사업하는 친구가 이번에 성실신고확인대상이 되었다고 하던데, 좋은 거야?

세무형 그 친구 개인사업자지? 일단 친구에게 축하하고 박수를 쳐주어야겠다! 개인사업자가 성실신고확인대상이 되었다는 건 개인사업자치고는 매출이 꽤 높아졌다는 거니까.

성실신고확인제도는 일정 규모 이상으로 매출이 커진 개인사업자에게 이제 매출이 커졌으니 좀 더 정확하게 장부 작성을 하라는 의미에서 종합소득세 신고 시 장부 기장 내용이 정확한지 회계사, 세무사에게 확인을 받은 후 신고하게 하는 제도야.

업종별로 매출이 도소매, 부동산매매업은 15억 원, 제조업과 숙박 및 음식점업 7억 5천만 원, 부동산임대업과 전문과학기술서비스업은 5억 원 이상이면 성실신고확인대상자로 분류돼.

업종	직전 연도 수입 금액
농업, 임업, 어업, 광업, 도소매, 부동산매매업	15억 원 이상
제조업, 숙박·음식점업, 전기·가스·증기·수도사업, 원료재생·환경보건업, 부동산개발 및 공급업, 운수업, 창고업, 정보통신업, 금융·보험업, 상품중개업	7억 5천만 원 이상
부동산임대업, 부동산서비스업, 임대업, 전문·과학·기술서비스업, 사업시설관리·사업지원서비스업, 교육서비스업, 보건업, 사회복지서비스업, 예술·스포츠·여가관련서비스업	5억 원 이상

업종별 성실신고확인대상 사업자로 분류되는 기준

성실신고확인대상이 되면 종합소득세 신고와 납부기한이 1개월 연장이 되어 6월 30일까지 신고 납부가 가능해. 그리고 성실신고확인 비용의 60%는 세액공제(한도 120만 원, 법인은 150만 원)가 가능해. 성실신고확인비용을 어느 정도 국가에서 공동 부담해 주는 격이야.

그 뿐만 아니라 성실신고대상자에 대한 혜택으로 의료비, 교육비로 지출한 금액의 15%(미숙아, 선천성 이상아의 경우 20%, 난임 시술비의 경우 30%)에 해당하는 금액을 사업소득에 대한 소득세에서 공제해 줘. 또한 월세 지급액에 대해서도 지급한 금액의 15%를 소득세에서 공제해 주는 혜택도 있으니 꼭 기억해 둬.

세제혜택	내용
성실신고확인비용 세액공제	확인비용의 60%를 세액공제 ＊공제한도: 120만 원

성실신고확인비용 필요경비 인정	성실신고확인 수수료 전액 필요경비로 처리
의료비 세액공제	사업소득 3% 초과 의료비의 15%(난임 시술비 20%)를 세액공제 ＊공제한도: 700만 원
교육비 세액공제	본인 기본공제대상자 지출 교육비의 15%를 세액공제 ＊공제한도: 영유아·취학전 아동·초중고생은 300만 원/대학생은 900만 원/본인장애인은 한도 없음
월세 세액공제	월세의 15%(종합소득 4500만 원 이하는 17%)를 세액공제 ＊공제한도: 1000만 원

    법인의 경우도 성실신고확인대상이 될 수 있는데, 성실신고확인대상이던 개인사업자가 법인으로 전환하게 되면 법인전환 후 3년간 성실신고확인대상으로 분류돼. 그러므로 법인전환 계획이 있다면 성실신고확인대상이 되기 전에 법인으로 전환하는 게 좋아. 이외에도 부동산임대업을 하거나 이자, 배당, 임대소득 금액 합계가 매출의 50% 이상이고, 상시근로자 수 5명 미만, 지배주주 및 특수관계자 지분의 합계가 50%를 초과하면 법인이지만 사실상 개인사업자나 마찬가지로 판단해서 성실신고확인대상자로 분류가 되고, 접대비 한도도 절반으로 줄어들어.

02

법인전환은
언제 하는 게 좋을까?

법인전환, 포괄양수도, 영업권

김대표 친구가 이번에 매출이 커져서 법인으로 전환하는 걸 고려하고 있다고 해. 법인전환은 언제 하는 게 좋아?

세무형 정말 많은 사람들이 물어보는 질문이야. 법인전환의 시기는 매출 측면과 순이익 측면에서 고려해 볼 수 있어.

우선 매출 측면에서 고려하자면 성실신고확인대상이 되지 않기 위해 법인전환을 고려해 볼 수 있어. 예를 들어, 도소매업을 하는데 상반기에만 매출이 10억 원을 넘었다고 가정해 보자. 그럼 하반기가 지나면 15억 원이 넘어서 성실신고확인대상이 될 가능성이 매우 높아져. 이때 선제적으로 법인전환을 고려할 수 있어. 그러니까 사전에 내 업종이 성실신고확인대상이 되는 매출액 기준이 얼마인지 기억해 두는 게 좋아.

◆ 업종별 성실신고확인대상 매출액 기준표는 97쪽을 참고하자.

둘째, 순이익 측면에서 접근할 수 있어. 일반적으로 법인세율이 소득세율보다는 낮아. 법인은 개인자금화가 어렵기 때문에 근로소득에 대한 세율과 배당세율, 법인세율 등을 종합적으로 고려해서 비교해야 하는데, 상세히 비교하려면 고려해야 하는 요소가 많아서 조금 어려울 수 있어. 간단히 판단할 수 있는 팁을 소개하자면, 결산 후 나의 한계세율(=소득세/세전이익)이 30% 이상이라면 법인으로 전환했을 때 절세 효과가 발생할 가능성이 있으니 이때 법인전환을 고려해 보는 것을 추천해.

개인사업자가 받고 있던 세액공제감면혜택을 계속 받으려면 포괄양수도로 법인전환을 진행해야 하는데, 이럴 경우 개인사업자의 순자산(=자산-부채) 이상을 자본금으로 출자해야 하고, 법인 설립 후 3개월 이내에 양수도절차를 진행해야 하니 이 부분도 주의해.

◆ '포괄양수도'란 일부 기계장치나 비품 등의 자산을 구분하여 매각하는 것이 아니라 사업을 구성하고 있는 전체 자산부채를 매각하는 것을 말한다.

추가적으로 개인사업자의 영업권이 있을 수 있는데, 영업권은 필요경비의 60%를 인정받을 수 있어서 세금이 낮은 편이야. 그러니 법인전환 시 영업권 평가는 꼭 진행하는 것이 좋아. 영업권의 가치 평가는 감정평가사나 공인회계사를 통해 진행해야 하니 참고해.

◆ '영업권'이란 특정 기업이 동종업계의 타 업체에 비해서 더 많은 이익을 발생시킬 수 있는 무형자산을 말한다. 예를 들어, 영업 노하우, 고객층, 입지조건, 브랜드 인지도 등 경영권 프리미엄, 권리금 개념과 비슷하다.

개인사업자 법인전환 시 영업권 평가는 반드시 받자

　제조업을 영위하는 개인사업자 A씨는 매출이 크게 늘어 법인으로 전환하기로 하였다. 법인전환 과정에서 사업양수도계약으로 진행하라는 세무사의 말에 따라 양수도계약으로 진행하기로 하였는데 양도 시점의 재무제표에 따른 순자산가액으로 양도금액을 책정하였다. 과연 최선의 방법이었을까?

　위의 경우 간과한 것이 바로 영업권이다. 영업권이란 사업의 양수도나 합병 시 지급하는 대가의 일부로서 기업의 역사, 고객 관계, 영업 노하우, 고유 기술 등 동종 사업을 영위하는 다른 기업이 올리는 수익보다 초과 수익을 가져올 수 있는 무형의 가치로서 회계상 무형자산으로 처리된다. 가장 쉽게 주변에서 볼 수 있는 사례는 상점을 인수할 때 발생하는 권리금으로, 매출이 높은 상점일수록 높은 권리금을 자랑하는데 이것이 가장 흔한 영업권이다.

　법인세법에서는 영업권을 무형자산의 하나로 규정하여 감가상각 대상 자산임이 명확히 규정되어 있다. 따라서 법인에서는 매수대금 중

영업권 부분을 무형자산으로 계상하고 5년간 상각하며 비용화할 수 있다.

그렇다면 양도하는 개인의 입장에서는 어떨까? 영업권의 양도에 대하여 양도하는 개인의 양도소득 또는 기타소득으로 과세되는데 토지, 건물과 함께 양도하는 경우는 양도소득, 그 외의 경우에는 기타소득으로 과세된다. 기타소득으로 과세되는 경우 필요경비로 60%가 인정되며, 기타소득세율 22%가 적용되므로 최종적으로 영업권 매각에 따른 소득금액의 8.8%만 과세되므로 낮은 세율로 법인의 자금을 개인자산화할 수 있는 이점이 존재한다.

예를 들어, 개인사업자 A씨가 영업권을 2억 원으로 평가해 매도금액에 포함시켰다고 가정해 보자. 추후 법인에서 이익이 발생해 2억 원의 자금을 개인자산화할 경우 영업권이 있었다면 60%는 필요경비로 처리하여 세 부담을 낮춰서 개인자산화가 가능하다. 반면, 영업권을 매도금액에 포함시키지 않았다면 30~40%의 높은 소득세율을 부담하고 개인자산화할 수밖에 없다.

반대로 법인전환 시 영업권을 평가하지 않아서 세금이 추징되는 사례도 있다. 음반제작업을 하던 개인사업자 B씨는 해당 사업을 법인으로 전환하면서 초과수익력을 가지는 영업권이 존재함에도 이를 평가하거나 양도하지 않았다. 과세관청에서는 개인이 법인에 해당 영업권을 무상으로 양도한 것으로 판단하였고, 이에 따라 종합소득세에 가산세까지 추징되었다. 영업권 평가 없이 법인전환을 하는 것도 리스크가 될 수 있으므로 영업권 평가는 반드시 진행하는 편이 좋다.

영업권 평가 방법은 두 가지이다. 감정평가사의 감정평가를 통해 책정하는 방법과 상속세 및 증여세법의 보충적 평가 방법에 따라 평가하는 방법이 있다. 감정평가사의 감정평가를 통해 책정하는 방법이 일반적으로 영업권 금액이 좀 더 클 수 있는 반면, 비용부담도 높은 편이다. 따라서 개인기업을 법인전환 시 그 개인사업장에서 이익이 발생하고 있는 경우라면 당연히 영업권을 평가할 수 있으므로 이를 몰라서 활용하지 못하는 일은 없어야 할 것이다.

03

8월에 법인세 납부서가 왔는데, 꼭 내야 할까?

법인세 중간예납제도

김대표 8월인데 갑자기 법인세 납부서가 왔어. 이거 꼭 내야 하는 거야?

세무형 법인세는 중간예납제도가 있어. 법인세는 원래 사업연도 종료일 후 3개월 이내 납부하는 것이 원칙인데 한꺼번에 많은 세금을 납부하면 기업의 부담이 커질 수 있겠지. 그래서 기업의 부담을 낮추고 균형적인 조세 확보를 위해 사업연도 개시일부터 6개월 기간을 중간예납기간으로 해서 중간예납기간 종료일 후 2개월 이내에 신고, 납부하도록 하고 있어.

예를 들어, A회사가 지난해 법인세로 2000만 원을 냈는데 올해도 비슷한 실적이 예상된다고 하면, 중간예납을 통해 올해 낼 법인세의 절반인 1000만 원을 먼저 8월에 내는 거야. 그러고 나서 사업연도가 끝난 후 실제로 계산된 올해의 법인세가 나오면 나머지 금액을 다음해 3월에 정산해서 납부하는 것이지. 이렇게 하면 법인세를 1000만 원씩 두 번 나눠 내므로 한 번에 2000만 원을 내는 부담이 줄어들어.

그런데 A회사가 전년도엔 실적이 좋았지만 올해 급격히 악화되어서 상반기 결산 실적이 전년도에 못 미친다면 실제 6개월간의 실적을 토대로 법인세를 계산해서 중간예납하는 방법을 선택할 수도 있어.

반대로 신설 법인이나, 직전년도 법인세 산출세액 계산식에 따라 계산한 중간예납금액이 50만 원 미만인 내국법인은 중간예납을 면제해주고 있어. 그러므로 연간 자금계획을 세울 때 전년도 법인세 산출세액의 절반 정도를 8월에 지출한다고 생각하고 자금계획을 세우면 훨씬 안정적으로 운영할 수 있어.

04

세금을 나눠 내거나 납부기한을 연장할 수 있을까?

세금 분납, 납부기한 연장

김대표 형, 이번에 법인세가 너무 많이 나왔어. 당장 세금 낼 자금이 부족한데 좋은 방법이 없을까?

세무형 법인세는 기본적으로 분납이 가능해. 납부할 법인세가 1000만 원을 초과하는 경우에 중소기업은 2개월, 대기업은 1개월에 걸쳐 분납할 수 있어. 납부할 세액이 2000만 원 미만이면 1000만 원을 초과하는 금액에 대해 분납이 가능하고, 납부할 세액이 2000만 원을 초과하는 경우 그 세액의 50% 이하의 금액에 대해 분납할 수 있어.

또한 법인세, 소득세, 부가세의 납부기한 연장이 가능한 경우도 있어.

- 납세자가 재난 또는 도난으로 심각한 손실이 발생하여 사업에 현저한 손실이 발생하거나 부도 또는 도산의 우려가 있는 경우
- 납세자 및 동거 가족이 질병이나 중상해로 6개월 이상의 치료가 필요하거나

사망한 경우

- 기타 납부기한까지 납부가 어려운 경우 (예를 들어, 주요 거래처 채권 회수불명 등)

이 경우에는 관할 세무서장에게 납부기한 연장을 신청할 수 있어. 그러면 연장 다음날로부터 9개월 이내로 기한이 연장되고 연장기간 중 분납기한과 분납금액을 별도로 정하게 돼. 단, 납부기한 만료일 3일 전까지는 신청을 해야 하니 이러한 사유가 발생해서 어려움을 겪는다면 납부기한 연장 신청을 고려해 봐.

 더 알아보기

충실히 세금납부를 한 경우 납세담보를 면제받는 방법

분납이나 납부기한 연장 시 납세담보 또는 납세보증보험을 세무서에서 요청하는 경우가 있다. 이때 기존에 충실히 세금납부를 해왔다면 납부한 세금에 따라 부여받은 세금포인트를 이용해 납부기한 등의 연장 시 납세담보를 면제받을 수 있다.

참고로 '납세담보'는 내가 보유하고 있는 자산, 즉 현금, 유가증권, 부동산 등을 담보로 제공하는 것이고 '납세보증보험'은 서울보증보험과 같이 보증기관에서 보험료(보증료)를 납부하고 보증을 제공 받는 것을 의미한다.

05

세무조사는
왜 나오는 것일까?

세무조사, 추징세액

김대표 이번에 거래처에서 세무조사를 받는다고 하던데, 세무조사는 왜 나오는 거야?

세무형 그래? 세무조사 대응을 잘 못하면 추징세액이 크게 발생할 수 있으니 세무조사 준비 잘 하시라고 꼭 말씀드려. 우선 세무조사는 국세청이나 세무서에서 납세의무자가 세법에서 정하는 대로 성실하게 신고 및 납부를 하였는지 확인하기 위해 진행하는 조사 과정으로, 세무조사 대상자의 선정 방법은 정기선정과 비정기선정으로 나눌 수 있어.

먼저, 정기선정의 이유는 다음과 같아.

- 정기적인 성실도 분석 결과(전산 분석 시스템을 이용한 객관적 평가) 불성실 혐의가 있는 경우

- 최근 4과세기간 이상 같은 세목에 대한 세무조사를 받지 않아 신고 내용의 적

정성 여부를 검증할 필요가 있는 경우

- 무작위 추출 방식에 의한 표본으로 선정된 경우

반면, 비정기선정의 이유는 다음과 같아.

- 무신고, 성실신고확인서 미제출, (세금)계산서 및 지급명세서를 미작성하거나 미교부, 미제출 등 납세협력 의무를 이행하지 아니한 경우
- 무자료거래, 위장·가공거래 등 거래 내용이 사실과 다른 혐의가 있는 경우
- 납세자에 대한 구체적인 탈세 제보가 있는 경우
- 신고 내용에 탈루나 오류의 혐의를 인정할 만한 명백한 자료가 있는 경우
- 납세자가 세무공무원에게 직무와 관련하여 금품을 제공하거나 금품 제공을 알선한 경우

따라서, 세무조사를 피하고 싶다면 성실한 납세는 기본이라고 할 수 있어. 아무리 성실하고 좋은 기업이라도 세무조사는 피하는 것이 최선이야. 모 거래처 대표님은 성실납세법인으로 선정되어서 20년 넘게 세무조사를 단 한 번도 받지 않게 된 경우도 있으니 성실납세로 세무조사를 피해 봐.

그럼에도 세무조사 대상에 선정되었다면 상황에 따라 세무조사 연기 신청도 가능해. 천재지변이나 화재 등 재해가 발생했거나 건강상의

문제, 장기출장 등으로 세무조사를 받기 곤란한 경우에는 연기 신청이 가능하고, 조사관서에서는 해당 내용을 검토하고 연기 여부를 결정하게 돼.

　일자리창출 중소기업의 경우 세무조사유예제도를 이용해서 유예 신청을 할 수도 있어. 조사착수 연도의 상시근로자 수가 전년 대비 2% 증가한 중소기업이거나, 앞으로 근로자 수를 늘릴 계획이라면 일자리창출 중소기업으로 판단될 수 있고, 그렇게 되면 수도권일 경우 최대 2년, 지방 소재 중소기업은 최대 3년간 유예가 가능해. 이 경우 세무조사 개시 3일 전까지 세무조사 유예 신청서를 작성해서 제출해야 하고, 일자리를 증가시킬 계획인 기업은 유예 신청서와 더불어 일자리창출 계획서를 제출해야 해. 그 외에도 이노비즈나 메인비즈 인증을 받은 기업에게는 세무조사를 연기하거나 면제해 주기도 해. '이노비즈'는 기술혁신형 인증기업이고, '메인비즈'는 경영혁신형 인증기업이니 참고해.

> ◆ 이노비즈와 메인비즈에 대한 자세한 설명은 153쪽을 참고하거나 각 인증기업의 홈페이지를 참고할 수 있다.

06

세무조사는
어떻게 진행될까?

세무조사, 세무대리인

김대표 세무조사는 최대한 피하고 싶네. 세무조사는 어떻게 진행 돼?

세무형 세무조사는 납세자권리헌장 수령과 청렴서약서 서명으로 진행되며, 세무조사 시 세무대리인(회계사, 세무사)의 조력을 받을 수 있어. 이 경우 세무조사 위임장을 제출하여야 하고, 위임장이 전달되면 세무대리인이 조사 입회하여 관련 의견을 진술할 수 있어. 세무조사 대응은 직접 하지 말고 꼭 세무대리인의 조력을 받는 것이 좋아. 물론 비용이 많이 들겠지만 세무조사 대응을 잘못하면 훨씬 큰 손해를 감수해야 하는 상황이 발생할 수 있기 때문이야.

세무조사 시 중요하게 분석하는 항목으로 매출 누락, 가공의 인건비, 재고수불부 미관리, 법인 신용카드의 사적 사용 등이 있어. 다음의 사례를 살펴보며 하나씩 알아보자.

'재고수불부'란?

'재고수불부'란 기업이 보유한 재고의 입출고내역을 기록하고 관리하는 장부를 의미한다. 재고수불부는 일반적으로 다음과 같은 내용을 포함한다.

- 날짜 (Date): 재고의 변동이 발생한 날짜
- 품목명 (Item Name): 관리하는 재고의 품목명
- 입고 수량 (Quantity In): 새롭게 입고된 수량
- 출고 수량 (Quantity Out): 출고(판매, 사용 등)된 수량
- 재고 잔액 (Balance): 현재 보유 중인 재고의 수량
- 단가 (Unit Price): 해당 재고의 단가
- 금액 (Total Value): 단가 × 수량

사례1

A회사의 대표가 아내를 직원으로 등록하고 인건비 처리를 했어. 세무조사관은 실제 근무 여부를 확인하기 위해 A회사의 막내 직원에게 전화를 해서 "○○○이라는 사람이 있습니까?"라고 물었는데, 당연히 막내 직원은 A대표의 아내 이름을 모르니 "그런 사람 여기 없다."고 답을 했어. 세무조사관은 그 통화 내용을 근거로 아내에게 지급한 인건비를 모두 부인했어. 결국 A회사는 법인세와 신고불성실 가산세, 납부불성실 가산세를 추징당했어.

사례2

B회사는 제조업을 영위하는 회사인데, 특히 제조업은 재고자산수불부 관리가 매우 중요해. 하지만 많은 중소기업들이 매출을 올리는 데만 집중하다 보니 재고관리를 제대로 하지 못하는 경우가 많아. B회사도 영업에만 집중하다 보니 재고자산수불부를 소홀하게 관리해왔는데, 세무조사관은 재고를 조정하여 세금탈루가 있을 것이라고 판단하고 2주 동안 재고자산수불부만 조사를 했어. 결국 B회사는 상당한 금액의 세금을 추징당하고 말았어.

사례3

C회사는 법인 신용카드로 대표이사 자녀의 학원비, 아내의 생활비 등을 사적으로 사용한 비용이 상당했어. 당연히 세무조사관이 왔을 땐 업무와 무관한 비용으로 판단을 했어. 따라서 해당 금액을 모두 회사의 비용에서 부인하고 대표이사의 상여로 처분을 했어. C회사는 법인세와 소득세, 그리고 가산세까지 왕창 추징당하게 되었지.

당장 눈앞의 세금을 줄이겠다고 위법한 행위를 하는 건 절대 금물이야. 결국 돌고 돌아 더 큰 추징이 발생하니 다소 힘들더라도 원리원칙대로 납세의무를 잘 지키도록 해.

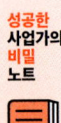

세무대리인을 잘 고르는 방법

최근에는 세무대리 시장의 마케팅이 치열하여 SNS나 블로그에 보면 말도 안 되는 가격으로 세무대리 광고를 하는 걸 흔히 볼 수 있다. 그런 경우는 대부분 흔히 말하는 '물기장'이다. 쉽게 말해서 장부가 엉망이다.

의복대여업을 하는 A씨는 소위 '물기장'을 하는 세무대리업체에 매우 저렴하게 기장을 하고 있었다. 의복대여업 특성상 현금매출이 많은데 A씨는 담당 세무사와 통화해 본 적도 없었고 현금매출 누락 시 발생할 수 있는 문제에 대해 단 한 번도 이야기를 듣지 못했다. 큰 문제 없이 사업을 하던 A씨는 어느 날 세무조사를 받고 현금매출 누락으로 18억 원에 달하는 세금을 내야 했다. 이 과정에서 본인의 집까지 급매로 팔아야 했다. A씨는 세무조사 후 관리의 중요성을 깨달았다.

도소매업을 영위하는 B업체는 통장의 입출금에 따라 실제 거래내역이 전혀 반영되어 있지 않고 통장잔고만 맞춰 하나의 분개로만 처리되어 있어 회사의 자산, 부채와 수익, 비용이 엉망진창으로 작성되어 있었다. 이로 인해 자산, 부채의 구성 항목을 전혀 파악할 수 없는 지경에 이르렀다. 그래서 세무대리인을 바꾸고 이 문제를 해결하기 위해 과거에 이미 기장료를 지급한 기간에 대해서도 다시 소급기장료를 내고 장부를 다시 작성해 결국 비용이 이중으로 발생하였다.

내가 운영하는 회사의 소중한 장부가 엉망으로 관리되고 안 내도 될 세금을 왕창내길 원하는 사람이 있을까? 싼 게 비지떡이다. 부동산 복비와 세무사 수수료는 아끼면 안 된다는 앞선 부자들의 명언을 명심하자.

세무사, 회계사뿐만 아니라 세무 직원들도 수수료가 비싼 거래처를 소중히 여기고 더 챙긴다. SNS 광고에 나오는 수수료로 운영하는 업체들은 무조건 1인당 많은 거래처를 담당해야 하기 때문에 기장을 제대로 할 수가 없다. 정상적으로 운영하는 사무실에서 그 수수료로는 사실상 세무 직원 인건비도 안 되는 수준이다. 수수료를 적게 내고 세금이 왜 이렇게 많이 나왔냐, 서비스가 안 좋다, 컴플레인 해봐야 그럼 다른 곳으로 가라는 소리만 듣는다.

소중한 내 사업장을 물기장으로 관리할 수는 없다. 세액공제, 감면도 빠짐없이 잘 챙겨주고, 경영 고민이 있거나 의사결정이 필요할 때 언제든 상담도 할 수 있고, 정기적으로 세금신고, 납부뿐만 아니라 정기보고서도 보내주고 예상 세액도 미리 알려주는 서비스를 받고 싶다면 정당한 대가를 지불하고 관리해야 한다. 제대로 관리 받고 세금을 덜 내는 것이 세무대리 수수료를 아끼는 것보다 훨씬 이득이다. 세무대리 수수료가 아무리 비싸도 일을 잘할지 못할지 모르는 경리직원 1명을 뽑는 것보다 훨씬 싸다.

07

세액공제와 감면에는 어떤 게 있을까?

세액공제, 감면제도

김대표   형, 세금 부담이 만만치 않네. 합법적으로 세금을 아낄 수 있는 세액공제나 감면에는 어떤 게 있을까?

세무형   죽음과 세금은 피할 수 없지. 하지만 합법적으로 아낄 수 있는 한도에서는 최대한 아끼는 게 좋아. 국가도 기업의 투자, 고용 활성화를 위해 여러 가지 세액공제감면제도를 법에 담고 있어. 중소기업에게 대표적으로 적용 가능한 세액공제, 감면에 대해 표로 정리했으니 우리 회사에 해당되는 것이 있는지 확인해 봐.

구분	지원 내용
창업중소기업에 대한 세액감면	창업중소기업 등의 최초 소득 발생 과세연도 및 이후 4년간 50%(75%, 100%) 세액감면(§6)
중소기업 특별세액감면	제조업 등 소득에 대해 5~30%를 세액감면(§7)

설비투자 지원	기술이전 및 기술취득 등에 대한 과세특례(조특법§12)
상생결제 지급금액 세액공제	중소·중견기업이 상생결제제도를 통해 중소·중견기업에 구매대금을 지급한 경우 구매대금의 0.15%, 0.3%, 0.5% 세액공제(§7의4)
근로소득증대 세액공제	직전 3년 평균 초과 임금증가분×10%(중소기업 20%)세액공제 +정규직 전환근로자의 전년 대비 임금증가액 합계×10%(중소기업 20%) 추가공제(§29의4)(§29의4)
고용증대 세액공제	전년 대비 상시근로자 수가 증가한 경우 증가한 고용 인원 1인당 아래 금액을 공제(§29의7) (단위: 만 원)
통합고용 세액공제	전년 대비 상시근로자 수가 증가한 경우 증가한 고용 인원 1인당 아래 금액을 공제(§29의8) (단위: 만 원)
성과공유 중소기업의 경영성과급 세액공제	중소기업이 상시근로자(임원, 총 급여 7천만 원 초과인 자 제외)에게 경영성과급을 지급하는 경우(영업이익이 발생한 기업이 지급한 것에 한함) 그 경영성과급의 15% 세액공제(§19)

고용증대 세액공제:

구분	수도권 중소기업	지방 중소기업	중견기업	대기업
상시 근로자	700	770	450	-
청년 등	1100	1200	800	400

통합고용 세액공제:

구분	수도권 중소기업	지방 중소기업	중견기업	대기업
상시 근로자	850	950	450	-
청년 등	1450	1550	800	400

사회보험료 세액공제	고용증가 인원의 사회보험료 상당액의 50%(75%, 100%) 세액공제(§30의4)
연구·인력개발비 세액공제	신성장동력연구개발비 등 최대 30%(중소기업 40%)+일반연구·인력개발비에 대하여 0~2%(중소기업 25%, 중견기업 8%)+국가전략기술 최대 40%(중소기업 50%) 또는 직전년 대비 증가액의 25%(중견기업 40%, 중소기업 50%) 세액공제(§10)
통합투자 세액공제	각종 시설투자 금액의 대기업 1%, 중견기업 3%, 중소기업 10% 기본공제+직전 3년 평균 투자액 초과분의 3% 추가공제(§24)
공장(본사) 등 지방이전 세액감면	수도권과밀억제권역 안 본사·공장을 지방이전 시 이전 후 공장에서 발생하는 소득에 대하여 7년간 100%, 그 후 3년간 50% 감면(§63)

대표적인 세액공제, 감면 지원 내용

　세액공제감면 중 창업준비 단계에서 꼭 확인해야 할 항목은 바로 창업중소기업에 대한 세액감면이야. 세액공제감면 중 창업준비 단계에서 꼭 확인해야 할 항목은 바로 창업중소기업에 대한 세액감면이야. 창업중소기업 세액감면과 관련된 내용은 47쪽에서 설명하였으니 참고해.

　사업이 성장하면 시설투자와 고용은 자연스레 증가해. 국가 차원에서 투자와 고용이 늘어나면 국가 경제 발전에 큰 도움이 되니 그런 회사에 혜택을 주는 건 당연한 일이야. 그러므로 내 회사가 국가 경제에 이바지를 하고 있다고 생각되면 꼭 세무조정계산서상에 이와 관련된 세액공제감면을 적용 받고 있는지 확인해야 해. 담당 세무사가 알아서 다 챙겨줄 것 같지만 은근히 안 챙겨주는 세무사도 있으니까.

우선 투자 측면에서는 중소기업이 기계장치 등 사업용 유형자산 등을 취득하면 10%의 세액공제를 받을 수 있고, 과거연도보다 투자액이 증가했다면 3%의 추가공제도 받을 수 있어. 고용 측면에서는 소비성 서비스업 외의 사업을 영위하는 사업자가 해당연도의 상시근로자가 직전 과세연도의 상시근로자 수보다 증가한 경우 고용증대 세액공제를 받을 수 있어. 수도권 기준 1인당 700만 원(청년 등 1100만 원)의 세액공제가 가능해. 최근 몇 년간 유행처럼 번진 세금환급, 경정청구 영업이 많았던 원인이 바로 이 고용증대 세액공제 때문이야. 금액 효과는 큰데 상시근로자 수를 계산하는 게 번거롭거나 사후 관리 요건을 챙기기 어렵다는 이유로 담당 세무사나 회계사가 제대로 공제를 안해 주는 경우가 많았어. 사후 관리 요건에 대해 충분히 납세자에게 설명하고 잘 챙겨주면 좋을 텐데 참 아쉬운 부분이야. 2023년에 신설된 통합고용 세액공제는 기존의 고용증대 세액공제보다 금액효과가 더 커. 세액공제감면은 중복 적용되지 않는 항목이 있으니 꼼꼼히 따져봐야 해.

무엇보다 내가 회사를 설립해 고용과 투자를 늘려서 국가 경제발전에 이바지하고 있는데, 당연히 국가에서 다양한 혜택을 줄 거라는 생각을 갖고 있다면 위의 혜택들을 놓치지 않고 잘 챙길 수 있을 거야.

08

'최저한세'란?
최저한세

김대표 와, 세액공제나 감면의 혜택이 생각보다 많네. 그렇다면 세액공제, 감면을 많이 받으면 세금을 아예 안 낼 수도 있는 거야?

세무형 간혹 세금을 아예 안 내게 되는 경우도 있긴 한데, 대부분의 경우 최저한세가 적용돼서 최소한의 세금은 내게 돼. '최저한세'는 공제감면을 이용해서 세금을 감면을 받더라도 최소한의 세금은 내도록 하는 제도야. 기업이 조세특례제도로 세금을 많이 줄일 수 있는 상황이라도, 나라에서는 세수를 어느 정도 확보해야 하니까 이런 기준을 만들었어.

> **최저한세**
> = 최저한세 적용 대상 공제감면 전 과세표준 X 최저한세율(중소기업 7%, 기타 8~17%)

대부분의 공제감면은 최저한세 적용 대상이야. 그래서 최저한세가 적용되지 않는 공제감면을 기억하는 편이 좋아. 대표적으로 연구인력개발비 세액공제가 있고, 창업중소기업세액감면은 수도권과밀억제권역 외 청년창업으로 100% 감면 시 최저한세가 적용되지 않아.

예를 들어, A라는 중소기업이 여러 조세특례를 이용해서 원래 내야 할 법인세 5억 원 중에서 4억 5천만 원을 공제 받았다고 하자. 즉, 공제감면을 모두 이용하면 세금을 5천만 원만 내도 되는 상황이야. 그런데 최저한세라는 게 있어서, 이 회사는 최소한 7%의 세율로 계산한 세금을 내야 해. A회사의 과세표준이 20억 원이라면, 최저한세율 7%를 적용해서 1억 4천만 원을 내야 해. 즉, 공제를 많이 받아 5천만 원만 낼 수 있더라도, 최저한세를 적용하면 최소 1억 4천만 원은 내야 하는 거야.

반대로 최저한세가 적용되지 않는 경우도 있어. B라는 창업중소기업은 수도권과밀억제권역 외에서 청년이 창업한 기업이라고 예를 들어 보자. 이 경우 창업중소기업 세액감면을 통해 법인세를 100% 감면을 받는 조건이라면, 최저한세가 적용되지 않아. 예를 들어 B 회사가 원래 내야 할 법인세가 1억 원이라고 해도, 감면을 받으면 세금을 안 낼 수 있어.

다른 예로, C회사는 연구개발(R&D)을 열심히 하고, 이에 따라 연구인력개발비 세액공제를 받는다고 해 보자. 이때도 최저한세를 적용 받지 않아. C회사가 법인세 1억 원 중에서 연구인력개발비 공제로 8천만 원을 공제 받았다면, 나머지 2천만 원만 내도 돼. 최저한세를 적용받지 않고 연구개발을 하는 만큼 세액공제를 많이 해 주니 연구에 적극적으로 매진할 수 있는 동기가 되는 거야.

그러므로 기업은 어떤 공제가 최저한세 적용 대상인지 아닌지를 알아두면 세금 계획을 세우는 데 훨씬 유리하지.

09

임직원에게 사택을 제공할 때 주의해야 할 점은?

임직원 사택 인정 범위

김대표 형, 동업하는 대표에게 사택을 제공하려고 하는데 주의해야 할 점이 있을까?

세무형 회사에서 임직원의 복지를 위해 사택을 제공하려면 근무지 접근성이나 주거 필요성 등을 기준으로 적합한 주택을 선정하고, 반드시 회사가 직접 주택을 매수하거나 임차하여 사택으로 제공해야 해. 이때 사택 제공 기준과 절차를 담은 내부 규정을 마련해서 공정하고 투명하게 규정에 따라 입주자를 선정해야 해. 그리고 입주하는 임직원과 회사 간에 입주계약서를 작성해서 입주 기간 동안 상호간에 권리와 의무를 명확하게 하는 것이 좋아.

하지만 회사가 누구에게나 사택을 제공할 수 있는 것은 아니야. 지분이 없는 임직원이 아닌 1% 이상의 지분을 소유한 임원에게 사택을 제공하게 되면 문제가 생길 수 있어. 사택과 관련하여 법인에서 지출한 임차료나 임차료상당액과 관리비 등의 부대비용은 법인세법상 비용으로 인정되지 않아. 그 뿐만 아니라 해당 임원이 얻은 금전적 혜택만큼은 모두 소득세로 부과되어 큰 손해를 입을 수 있어. 따라서 1% 이상 지분을 소유한 출자 임원에게 사택을 제공하는 것은 사실상 어려워.

투자 유치 후 사옥 취득 시
주의해야 할 점은?

사옥 취득

김대표 이번에 투자금을 유치해서 그 자금으로 사옥을 취득해볼까 하는데, 괜찮을까?

세무형 투자금의 사용 계획은 투자금이 들어오기 전에 이미 어느 정도 결정돼. 투자자들은 대개 유치된 자금이 사업 성장에 직접적으로 사용되길 원해. 그런데 사옥 취득은 이러한 목적과 부합하지 않는 것이 일반적이지. 사옥을 취득하게 되면 대규모 자금이 필요하고 필요에 따라 사무공간을 확대, 축소하게 되면 운영의 효율성이 떨어지기 때문에 아주 특수한 경우가 아니라면 사옥을 사는 데 비용을 투자해 주는 투자자는 거의 없어. 투자자 입장에서는 연구개발 비용과 마케팅 비용 등에 사용하여 사업모델을 더욱 발전시켜 시장 확장에 써야 하는 투자금을 불필요하게 사옥 구입에 쓰는 것으로 판단할 가능성이 커.

사업모델이 어느 정도 검증되고 흑자전환 후 안정적인 이익이 확보되었을 때, 사옥의 담보차입 이자비용이 임대차계약상 사무실임차료를 부담하는 것보다 비용 부담 측면에서 유리한 경우, 사옥 취득이 운영효율성 증가나 브랜드 이미지 강화로 이어지는 것이 명확하다면 이에 대해 투자자에게 충분히 설명하고 사옥 취득을 추진해 보는 것이 좋아.

투자 유치 후 차량 구입 시 주의할 점은?

차량 매입, 주행일지

김대표 사옥은 그럼 좀 더 매출을 높인 후에 고민해 볼게. 대신 차는? 이번에 대표이사 차량으로 외제차를 구입해도 될까?

세무형 대표야, 자중하자. 후속투자 안 받고 싶어? 투자금을 받고 나서 투자금을 내 돈처럼 물 쓰듯 쓰는 경우가 종종 있는데, 투자 받은 돈으로 고가의 외제차를 구입하거나 리스해서 몰고 다니면 당연히 투자자들이 싫어할 거야. 간혹 투자 단계에서 재무실사를 하다 보면 이전에 투자 받은 돈으로 비싼 외제차를 타는 경영진들이 있어. 아무리 성공 가능성이 있는 사업모델이라도 위와 같은 상황은 경영진의 도덕적 해이로 보여서 투자가 꺼려지지. 특히 아직 흑자전환을 하지 못했거나 안정적인 이익이 발생하지 않는 단계에서 투자금으로 외제차를 타는 것은 그야말로 소탐대실이라고 할 수 있어.

투자와 상관없이 꾸준한 이익을 창출하여 고가 차량을 매입하는 경우라고 해도 주의해야 할 점들이 있어. 우선, 법인 명의로 차량을 구매하거나 리스 또는 렌트를 하여 비용처리를 하고 싶다면 임직원전용 보험에 가입하여 회사 관계자만 운전할 수 있게 해야 해. 그리고 업무용 승용차의 감가상각비(리스나 렌트를 한 경우 리스료 및 렌트료)와 주유비 등의 차량유지비용 합계가 연간 1500만 원을 초과할 정도의 고가 차량이라면 반드시 주행일지를 작성해야 해. 법인세법에서는 주행일지 작성을 통해 차량을 업무용으로 사용한 비율만큼만 법인의 비용으로 인정해. 고가의 외제차는 연간 관련 비용이 1500만 원을 한참 상회하기 때문에 세무조사가 나왔을 때 실제로 업무상의 주행거리를 소명하지 못하는 경우 가산세를 크게 부담할 수 있으니 주의해야 해. 그리고 감가상각비나 리스료, 렌트료의 감가상각비상당액 만큼은 연간 800만 원까지만 비용처리가 가능해. 따라서 고가 차량을 타면서 전부 비용처리를 하겠다는 생각은 무리야.

12

해외출장비, 임직원교육비 지급에도 기준이 필요할까?

해외출장비, 임직원교육비

김대표 해외출장비와 임직원교육비 지급에도 기준이 필요해?

세무형 맞아. 임직원의 해외출장비나 교육비를 회사에서 지급하려면 미리 명확한 규정을 만들어두는 게 정말 중요해. 회사에서 지급하는 비용은 항상 업무와 관련이 있어야 하고, 부당한 비용 사용으로 인해 회사와 주주에게 피해가 가지 않아야 해. 내부 규정이 마련되어 있고, 그 규정에 따라 지급이 되었다면 해당 비용들이 실제로 업무와 관련이 있고 적절하게 사용되었다는 사실을 증명할 수 있으므로 향후 세무조사나 법률적인 문제에 쉽게 대응할 수가 있어.

규정에는 출장비나 교육비를 지급할 대상, 지급 기준, 그리고 한도를 미리 정해두는 게 필요해. 지급 받은 임직원은 증빙서류도 꼭 제출하도록 해야 해.

해외 출장 시 챙겨두어야 할 서류로는 출장신청서나 출장정산서와 같은 결재서류, 항공권, 신용카드 전표와 현지에서 받은 영수증 등이 있어. 그리고 출장비는 사회통념상 합리적인 수준의 금액이어야 해. 같은 출장지를 다녀왔는데 누구는 100만 원을 쓰고 누구는 1000만 원을 썼다면 객관적으로 납득 가능한 수준을 넘어선 것이어서 세무조사 시 부인될 확률이 높아.

교육비도 세금계산서나 계산서, 영수증과 같은 증빙을 반드시 챙겨야 하고 업무와 관련이 없는 교육비는 비용처리가 되지 않을 수 있어. 업무와 관련 있는 교육비라는 내용도 설명이 가능하도록 규정에 따른 교육비신청서, 지출결의서 등의 내부 문서도 갖춰 두는 것이 좋아.

 더 알아보기

법인 임원의 해외출장 시 가족 동반이 가능할까?

임원의 해외출장에 가족이 동반하게 되면 그 가족에 대한 비용은 일반적으로 해당 임원의 상여로 보고 근로소득으로 처리된다. 하지만, 업무수행상 필요하다고 인정되는 해외여행에 가족을 동반한 경우 비용처리가 예외적으로 가능한 경우가 있다. 예를 들어,

- 해당 임원이 상시 보좌를 필요로 하는 신체장애자로 동반자가 필요한 경우
- 국제회의의 참석 등에 배우자를 필수적으로 동반하도록 하는 경우
- 그 여행의 목적을 수행하기 위하여 외국어에 능숙한 자 또는 고도의 전문적 지식을 지니는 자를 필요로 하는 경우에 그러한 적임자가 법인의 임직원 중 없어 동반하는 경우

위의 경우를 제외하고는 가족이 동반하는 경우 그 비용을 회사의 비용으로 해서는 안 되니 알아두자.

임직원 자녀의 학자금 지급이 가능할까?

학자금 지급, 복리후생비

김대표 형, 우리 딸이 이번에 유치원에 입학하는데, 비용이 만만치 않네. 법인 비용으로 자녀 학자금을 지급하고 싶은데 괜찮을까?

세무형 대표자 등 임원의 특수관계자에 대한 비용은 해당 임원의 근로소득으로 처리되는 것이 기본 원칙이야. 우선 학자금 지급을 위해서는 취업규칙, 복리후생 규정에 학자금 지급 규정을 마련해 두어야 해. 학자금 지급 규정이 없다면 아예 법인세법상 비용처리도 되지 않을 수 있어. 따라서 학자금 관련 규정을 구비하고 특정 임원이 아닌 전체 직원에게 동일하게 적용해야 해. 또한 해당 학자금이 임원의 근로소득으로 처리될 경우 임원의 보수 규정에 어긋나게 된다면 해당 비용 자체가 법인세법상 비용처리가 되지 않을 수 있으니 주의해.

임원 상여는
대표 마음대로 해도 될까?

임원 특별상여금

김대표 임원에게 상여금을 지급하는 데도 기준이 필요해?

세무형 절세를 위한 최적의 급여를 파악했다면 많은 이들이 당장 법인세와 배당소득세를 내느니 차라리 이번 기회에 상여를 한 번에 처리해서 개인자산으로 만들겠다는 의사결정을 할 수도 있어. 하지만 근거 없는 상여는 독이 될 수 있어.

예를 들어, 반도체부품업을 하는 법인의 100% 주주이자 대표이사인 A씨는 과도한 사내 잉여금 처분을 위해 30억 원을 대표이사 상여로 지급했지. 이에 대해 세무서에서는 법인의 영업이익 대비 상여금액이 과도하고, 동종업계 임원들의 보수와 현격한 차이가 발생하였으며, 해당 상여가 임원의 직무집행에 대한 정상적인 대가보다는 법인에 누적된 잉여금을 처분하기 위하여 상여의 형식을 취한 것에 불과한 것으로 보아 비용으로 처리한 회사의 세무 처리를 부당한 것으로 판단했어.

임원의 보수는 직원의 보수보다 법인세법상 비용 인정이 상당히 까다롭기 때문에 특히 대주주인 대표이사에 대한 상여의 경우 더욱 섬세한 설계가 필요해.

임원의 상여 지급을 위해서는 우선 정관에 임원 보수 규정에 대한 위임 범위를 정하고, 보수를 지급할 때도 이사회 결의를 통해 객관적인 성과 평가 방법에 따라 지급 금액을 결정해야 해. 이때, 임원 보수 규정은 주주총회 결의를 반드시 거쳐야 하지.

하기 예규와 같이 아무런 근거 없이 집행된 상여는 법인세법상 비용으로 인정받지 못하는 불상사가 발생할 수도 있으니 주의가 필요해.

> 임원에 대한 특별상여금: 법인이 임원에게 지급하는 상여금 중 정관·주주총회·사원총회 또는 이사회의 결의에 의하여 결정된 급여 지급 기준에 의하여 지급하는 금액을 초과하여 지급하거나, 정당한 사유 없이 동일 직위에 있는 지배주주 등 외의 임원에게 지급하는 금액을 초과하여 지급한 경우 그 초과 금액은 손금에 산입하지 아니하며, 임원에게 지급한 특별상여금이 사실상 이익처분에 해당하는 경우에도 손금에 산입하지 아니한다(법인세과-4200, 2008.12.29.).
>
> 법인이 법인등기부상 직위와 관계없이 실제로 종사하는 사실상의 직무를 기준으로 판단하는 동일 직위에 있는 지배주주인 특정 임원에게 상여금을 지급함에 있어서, 정당한 사유 없이 지배주주 등 외의 임원에게 지급하는 금액을 초과하여 지급한 경우 그 초과금액은 손금불산입하는 것이나, 이는 정관 등에 규정된 상여금 지급기준을 모든 임원에게 균등하게 적용하였는지 여부 등을 검토하여 사실 판단할 사항이다(서면2팀-447, 2006.2.28.).

급여설계는 대표자의 필요에 의해 진행되어야 하는 사안으로 투자유치를 희망하는 회사는 보수적으로 진행해야 해. 과도한 급여와 상여는 투자 유치 실패를 가져올 수 있다는 것을 명심해. 이미 충분한 이익을 내고 있고 법인에 과도한 잉여금이 축적되는 것을 미리 방지해서 미래 상속에 대비하고자 한다면 최적의 급여설계를 적극 고려해야 해.

4장

기업의
자금 조달 방법과
정부지원제도 활용법

01

정책자금 지원을
받는 방법이 있을까?

정책자금, 대출지원

김대표 형, 정책자금지원센터라는 곳에서 전화가 왔어. 정책자금을 받게 해준다는데, 정책자금이 뭐야?

세무형 '정책자금'이란 담보력이 약해서 자금조달이 어려운 중소기업을 위해 정부에서 정책적으로 저금리로 대출을 해주거나 보증을 해주는 걸 말해. 보통 정책자금을 받게 해주겠다며 영업을 하는 업체들이 많은데, 마치 직접 정책자금을 지원하는 공적기관처럼 업체 이름을 짓고 있어 오인하기 쉬워. 사실 이 업체들은 정책자금을 받을 수 있게 도와주고 수수료를 받아가는 컨설팅 업체이니 주의해야 해.

정책자금 대출을 지원해주는 기관은 여러 곳이야. 그 중 초기사업자에게 도움을 줄 수 있는 가장 대표적인 곳으로 소상공인시장진흥공단과 신용보증재단이 있어.

소상공인시장진흥공단에서 운영하는 자금은 소상공인 창업자금, 소상공인 특화자금, 성

◆ '소상공인'이란 일반적으로 직원 수가 5인 미만(제조업, 건설업은 10인 미만)인 업체를 말한다.

장촉진자금, 신사업창업사관학교 연계자금 등 다양하고, 매년 조금씩 달라질 수 있으니 해당 홈페이지(https://ols.sbiz.or.kr)에서 확인해 보거나 전국 소상공인지원센터(1588-5302)에 직접 전화하면 친절한 상담을 받을 수 있어.

신용보증재단은 담보력이 약한 소기업과 소상공인의 신용도를 심사하고 신용보증서를 제공해서 은행에서 대출을 받을 수 있도록 지원해주는 곳이야. 신용보증재단중앙회 홈페이지(https://www.koreg.or.kr)에 들어가면 각 시도별 신용보증재단의 홈페이지와 전화번호를 확인할 수 있으니 해당 지역의 신용보증재단에 문의해서 도움을 받을 수 있어.

소상공인이 아닌 경우에는 중소벤처기업진흥공단을 통해 성장단계별 맞춤 지원을 받을 수 있어. 정책자금 융자뿐만 아니라 수출마케팅, 인력 양성, 매출채권 팩토링 등 다양한 지원 사업을 진행하고 있으니 꼭 중소벤처기업진흥공단 홈페이지(https://www.kosmes.or.kr)에서 확인해 보자.

 더 알아보기

중소기업 지원 사이트 모음

- 소상공인마당 : https://www.sbiz.or.kr
- 신용보증재단 중앙회 : https://www.koreg.or.kr
- 중소벤처기업진흥공단 : https://www.kosmes.or.kr
- 기업마당 : https://www.bizinfo.go.kr
- 중소벤처24 : https://www.smes.go.kr
- K-스타트업 : https://www.k-startup.go.kr

02

나라에서 지원하는
무상보조금은 없을까?

정부보조금, 중소기업기술개발지원사업

김대표 정책자금은 무상으로 주는 게 아니라 대출 지원이었네! 나라에서 무상으로 지원받을 수 있는 보조금은 없을까?

세무형 정책자금이 대출을 지원하는 성격이라면, 무상으로 지원받을 수 있는 정부보조금도 있어. 국가에서는 앞서 설명한 정책자금 지원 외에도 창업자를 위해 무상보조금 지원, 창업교육 등을 진행하고 있어.

창업진흥원에서 운영하는 K-스타트업(https://www.k-startup.go.kr) 홈페이지에서 다양한 지원 제도를 확인할 수 있어. 정부보조금은 사업 신청 기간이 있는데, 보통 연초에 예산이 나오기 때문에 1~3월에 꼭 확인하고 예산 소진 전에 신청하는 것이 좋아.

그 외에 중소기업기술개발지원사업이라는 게 있어. 중소기업의 기술 혁신과 경쟁력 강화를 위한 지원 사업으로, 신제품 개발, 기존 제품의 개선, 생산 공정의 혁신 등 다양한 연구개발 비용의 일부를 정부에서 보조금 형태로 지원하는 사업이야.

정부보조금은 총 사업비의 75% 이내에서 지원하며, 민감부담 현금은 20% 이상을 원칙으로 해. 회사의 부채비율이 높거나 자본잠식 상태일 경우에는 선정 대상에서 제외될 가능성이 높으니 미리 부채비율을 관리해야 해. 재무제표에 기존 연구개발비 지출내역이 있어야 유리하니 재무제표는 꼭 챙기자.

매년 12월 말이면 중소벤처기업부에서 '중소기업기술개발지원사업' 통합 공고를 하고, 신청기간이 지나면 신청이 불가하니 꼭 놓치지 말고 예산 소진 전에 빠르게 신청하는 것이 좋아.

창업자금을 부모에게 지원 받는다면 창업자금 증여특례 이용하기

창업자금 증여특례 제도는 만 18세 이상인 자녀가 세법에 따라 정해진 업종으로 창업하기 위해 만 60세 이상의 부모에게 증여를 받는 경우 세 부담을 줄여주는 제도이다. 창업자금 증여특례를 적용 받게 되면 50억 원(창업을 통하여 10명 이상을 신규 고용한 경우에는 100억 원)을 한도로 증여 받은 금액 중 5억 원은 전액 공제해주고 나머지 증여금액에 대해서는 상대적으로 낮은 10%의 세율로 하여 증여세를 부과 받게 되어 창업에 따른 혜택이 상당히 큰 편이다.

창업자금 증여특례를 적용 받을 수 있는 업종은 아래와 같다.

1. 광업
2. 제조업(제조업과 유사한 사업으로서 대통령령으로 정하는 사업을 포함한다. 이하 같다)
3. 수도, 하수 및 폐기물 처리, 원료 재생업

4. 건설업

5. 통신판매업

6. 대통령령으로 정하는 물류산업(이하 "물류산업"이라 한다)

    1. 육상ㆍ수상ㆍ항공 운송업

    2. 화물 취급업

    3. 보관 및 창고업

    4. 육상ㆍ수상ㆍ항공 운송지원 서비스업

    5. 화물운송 중개ㆍ대리 및 관련 서비스업

    6. 화물포장ㆍ검수 및 계량 서비스업

    7. 「선박의 입항 및 출항 등에 관한 법률」에 따른 예선업

    8. 「도선법」에 따른 도선업

    9. 기타 산업용 기계ㆍ장비 임대업 중 파렛트 임대업

7. 음식점업

8. 정보통신업. 다만, 다음 각 목의 어느 하나에 해당하는 업종은 제외한다.

    가. 비디오물 감상실 운영업

    나. 뉴스제공업

    다. 블록체인 기반 암호화자산 매매 및 중개업

9. 금융 및 보험업 중 대통령령으로 정하는 정보통신을 활용하여 금융서비스를 제공하는 업종

10. 전문, 과학 및 기술 서비스업[대통령령으로 정하는 엔지니어링사업(이하 "엔지니어링사업"이라 한다)을 포함한다]. 다만, 다음 각 목의 어느

하나에 해당하는 업종은 제외한다.

　가. 변호사업

　나. 변리사업

　다. 법무사업

　라. 공인회계사업

　마. 세무사업

　바. 수의업

　사. 「행정사법」 제14조에 따라 설치된 사무소를 운영하는 사업

　아. 「건축사법」 제23조에 따라 신고된 건축사사무소를 운영하는 사업

11. 사업시설 관리, 사업 지원 및 임대 서비스업 중 다음 각 목의 어느 하나에 해당하는 업종

　가. 사업시설 관리 및 조경 서비스업

　나. 사업 지원 서비스업(고용 알선업 및 인력 공급업은 농업노동자 공급업을 포함한다)

12. 사회복지 서비스업

13. 예술, 스포츠 및 여가관련 서비스업. 다만, 다음 각 목의 어느 하나에 해당하는 업종은 제외한다.

　가. 자영예술가

　나. 오락장 운영업

　다. 수상오락 서비스업

　라. 사행시설 관리 및 운영업

마. 그 외 기타 오락관련 서비스업

14. 협회 및 단체, 수리 및 기타 개인 서비스업 중 다음 각 목의 어느 하나에 해당하는 업종

　가. 개인 및 소비용품 수리업

　나. 이용 및 미용업

15. 「학원의 설립·운영 및 과외교습에 관한 법률」에 따른 직업기술 분야를 교습하는 학원을 운영하는 사업 또는 「국민 평생 직업능력 개발법」에 따른 직업능력개발훈련시설을 운영하는 사업(직업능력개발훈련을 주된 사업으로 하는 경우로 한정한다)

16. 「관광진흥법」에 따른 관광숙박업, 국제회의업, 테마파크업 및 대통령령으로 정하는 관광객 이용시설업

17. 「노인복지법」에 따른 노인복지시설을 운영하는 사업

18. 「전시산업발전법」에 따른 전시산업

조세특례제한법 제6조 3항

　　창업자금 증여특례를 받게 되면 사후관리요건이 존재하는데, 증여를 받은 날로부터 2년 이내 창업해야 하며, 창업자금을 증여 받은 날부터 4년이 되는 날까지 창업자금을 모두 해당 목적에 사용하여야 한다. 그리고 창업 후 최소 10년간 그 사업을 유지하여야 한다. 최초 창업 이후 영업상 필요 또는 사업전환을 위하여 휴업 또는 폐업을 할 경우 1회

에 한하여 2년(폐업의 경우에는 폐업 후 다시 개업할 때까지 2년) 이내 재창업을 하여야 한다. 이 조건들을 지키지 못하게 되면 일반증여로 다시 과세되며 이자상당액을 가산하여 납부해야 한다.

그런데 만약 창업자금 증여특례를 통해 창업을 하였다가 사후관리요건을 지키지 못하면 어떻게 될까? A씨는 아버지로부터 30억 원을 증여 받아 2010년 자동차 부품 회사를 창업하였고, 2018년 중 업황이 악화되어 폐업을 하였다. 그로부터 3년 후 세무서로부터 창업자금 증여특례의 사후관리요건 위반으로 거액의 추징금이 발생하였다. 창업자금 증여특례의 사후관리요건인 10년간 사업을 유지하지 않았고, 폐업 후 2년 이내 재창업을 하지 않아 추징금이 발생한 사례이다. A 씨는 창업자금 증여특례 당시 세무사에게 사후관리요건을 들었을 것이다. 하지만 귀담아듣지 않았고 10년이나 세무서에서 추적을 할 것이라는 사실을 간과한 것이었다.

따라서 개업일로부터 10년이 되는 날을 미리 스마트폰 캘린더에 저장하는 등의 관리 노력을 통해 사후관리요건을 반드시 지켜야 한다.

03

연구개발 시
세액공제를 받을 수 있을까?

기업부설연구소, 연구인력개발비 세액공제

김대표 하아, 연구개발비가 너무 많이 들어. 거래처에서는 연구인력개발비 세액공제를 받고 있던데, 그게 뭐야? 나도 받을 수 있을까?

세무형 연구인력개발비 세액공제는 연구 및 개발에 사용된 인건비, 투자 비용의 25%(중소기업)를 세액공제해 주는 제도야. 연구인력개발비 세액공제를 받기 위해서는 우선 기업부설연구소나 연구개발 전담부서를 설립해야 해. 관련한 신고는 기업부설연구소/전담부서 신고관리시스템(https://www.rnd.or.kr)에서 가능해.

기업부설연구소나 연구개발 전담부서를 설립하기 위해서는 우선 인적요건과 물적요건을 충족해야 해.

우선 인적요건은 연구소의 경우 기업 규모에 따라 연구전담요원(중기업 5인 이상, 소기업 3인 이상, 벤처기업 2인 이상)을 배치해야 하고, 연구개발 전담부서의 경우는 기업 규모와 상관없이 연구전담요원 1인 이상을 배치하여야 한다는 규정이 있어.

연구전담요원은 자연계 학사 이상이거나 기술, 기능 분야 기사 이상인 자여야 하는데, 중소기업에 한해 전문 학사로서 2년 이상의 경력이 있거나 마이스터고 혹은 특성화고 졸업자로 4년 이상의 경력이 있는 자도 가능해.

물적요건으로는 독립된 연구 공간을 갖추어야 해. 사방이 다른 부서와 구분될 수 있도록 벽체로 구분되어야 하고, 별도의 출입문을 갖춘 독립 공간이어야 해. 다만, 독립 공간을 확보하지 못할 경우에는 전용 면적 50㎡ 이하인 연구 공간을 칸막이 등으로 다른 부서와 구분하여 운영할 수 있어야 해. 단, 연구소 현판을 칸막이에 부착해야 해.

연구소나 전담부서가 설립되고 나면 사후관리가 매우 중요해. 연구인력개발비 세액공제를 받으려면 연구계획서와 연구보고서도 함께 제출해야 하고, 연구소가 정상적으로 운영되고 있는지 실사가 나올 수 있으니 참고해.

중소기업은 최저한세 적용도 받지 않기 때문에 연구인력개발비 세액공제 효과가 굉장히 강력해. 그리고 형식적으로 연구소 또는 전담부서를 설치했다고 해도 과학적 또는 기술적 진전을 이루기 위한 활동과 새로운 서비스 및 서비스 전달 체계를 개발하기 위한 활동에 한해서 세액공제가 가능한데, 회사와 세무서의 판단이 다른 경우가 발생하기도 해. 그래서 이전에는 세무서에서 연구인력개발비 세액공제 요건을 잘 갖추었는지 세무조사가 나오면 본세와 더불어 가산세까지 추징되는 경우가 많았어.

하지만 지금은 국세청에서 연구인력개발비 세액공제 사전심사 제도를 운영하고 있어. 이 제도는 연구인력개발비 세액공제를 신청하기 전에 해당 비용이 연구인력개발비에 해당하는지에 대한 여부를 국세청장이 미리 심사하는 제도야. 사전심사를 신청하고 세액공제를 신청하면 추후 심사 결과와 다르게 국세청에서 처분하는 경우에도 가산세는 발생하지 않기 때문에 세액공제 받는 입장에서 부담을 낮출 수 있는 매우 유용한 제도지. 연구인력개발비 세액공제를 받길 희망한다면 꼭 사전심사는 거치는 것이 좋아.

추가로, 연구인력개발비 세액공제를 받은 기업은 연구개발계획서, 연구개발보고서, 연구노트 등의 증거 서류를 공제 받은 과세연도 이후 5년 동안 꼭 보관해야 하니 참고해.

벤처기업 인증을 받는
방법과 혜택은 무엇일까?

벤처기업 확인제도

김대표 벤처기업으로 인정을 받으면 혜택이 많다고 해서 우리도 도전하려는데, 어떻게 해야 하는 거야?

세무형 우선 벤처기업이 되려면 인증기관에서 벤처기업으로 확인을 받아야 해. 이를 '벤처기업 확인제도'라고 해. 벤처기업 확인제도란 일정 요건을 갖춘 기술 혁신성과 사업의 성장성이 우수한 기업을 벤처기업으로 확인하고 지원하는 제도야. 벤처확인 유형은 벤처투자유형, 연구개발유형, 혁신성장유형, 예비벤처유형이 있는데, 어떤 유형으로 신청하는 것이 가능성이 높을지는 업종에 따라 달라질 수 있어서 공인회계사나 세무사, 경영지도사 등 전문가와의 상의가 필요해.

이미 5000만 원 이상의 투자를 유치한 경험이 있다면 벤처투자유형이 가장 빠른 방법이야. 연구소를 보유하고 있고 연구개발투자 비중(최소 5000만 원 이상)이 높다면 연구개발유형이 좋아. 특허와 기술을 보유하고 있다면 혁신성장유형으로 도전하는 것이 좋아.

세제혜택	내용
벤처투자유형	이미 5000만 원 이상의 투자를 유치한 경험이 있는 경우
연구개발유형	연구소를 보유하고 있고, 연구개발 투자 비중(최소 5000만 원 이상)이 높은 경우
혁신성장유형	특허와 기술을 보유한 경우
예비벤처유형	사업을 준비중이거나 벤처확인기업으로부터 기술의 혁신성과 사업의 성장성이 우수한 것으로 평가 받은 경우

대다수의 기업들은 연구개발유형을 제일 많이 선택해. 이건 벤처인증의 효력이 종료되어도 재신청을 하기가 쉬워. 혁신성장유형은 기술혁신과 사업성 평가가 까다로워서 인증 난이도가 다소 높은 편이야.

벤처기업으로 확인이 되면 각종 세제혜택과 금융혜택, 광고비 지원 뿐만 아니라 각종 정부 지원 사업에 가점을 받으니 꼭 도전하는 것이 좋아.

◆ 벤처기업 확인제도에 대해 더 자세히 알고 싶다면 벤처기업 확인 종합관리시스템 홈페이지(https://www.smes.go.kr/venturein)에서 가이드북을 다운로드할 수 있다.

벤처기업 인증은 꼭 창업 3년 이내에 받자

　벤처기업 인증을 받는 경우 여러 가지 혜택이 많지만 무엇보다 가장 강력한 지원은 세금감면이다. 만 35세가 지나고 수도권과밀억제권역에서 창업하여 창업중소기업세액감면을 받지 못한다고 아쉬워만 할 일이 아니다. 그런 기업이라도 창업 후 3년 이내 벤처기업으로 확인을 받은 기업은 확인을 받은 날 이후 최초로 소득이 발생한 과세연도부터 5년간 해당 사업에서 발생하는 소득세 또는 법인세를 50% 감면한다. 다만, 벤처기업 확인이 취소된 경우나 유효기간 만료일이 경과한 경우 그 해당 과세연도부터는 감면이 불가능하다.

　그 뿐만 아니라 최초 확인을 받은 날로부터 4년 이내(청년창업벤처기업은 5년)에 창업 당시 업종을 영위하기 위하여 취득하는 부동산에 대해서는 취득세의 75%를 경감한다. 또한, 해당 부동산에 대한 재산세를 창업일로부터 3년간 면제하고, 그 다음 2년간 50%를 감면한다. 다만, 창업벤처중소기업세액감면의 경우도 앞에서 언급한 창업중소기업세액감면 요건 중 창업 요건과 업종 요건을 충족해야 한다.

그리고 또 하나 유의해야 할 점은 창업 후 3년 이내의 기한을 계산할 때 법인은 사업자등록일이나 사업 개시일이 아닌 법인설립등기일 기준으로 3년 이내여야 한다는 것이다.

 더 알아보기

**최초 창업하고 업종 추가 후
창업벤처세액감면혜택을 받을 수 있을까?**

Q 법인사업자 A대표는 도소매업으로 최초 창업을 하고 창업 1년 후 제조업을 업종 추가하였다. 그로부터 1년 후 벤처기업 확인을 받았는데 이러한 경우 창업벤처세액감면을 받을 수 있을까?

A 이미 최초 창업 당시 창업감면 대상이 아닌 업종으로 창업을 하였기 때문에 창업벤처중소기업세액감면 적용은 불가능하다. 만약 A대표가 도소매업을 영위하는 법인은 그대로 두고 신규 법인으로 제조업을 영위하였다면 신규 창업으로 보기 때문에 창업벤처중소기업세액감면을 적용 받을 수 있었을 것이다.

05

기타 인증제도에는 어떤 게 있을까?

이노비즈, 메인비즈

김대표 연구소에 벤처기업까지 인증해야 할 게 많네. 그 외에 다른 것들도 있어?

세무형 이노비즈 인증은 기술혁신형 중소기업에 대한 인증이야. 연구개발을 통한 기술경쟁력과 미래성장성을 갖춘 기업으로, 설립된 지 3년이 지난 중소기업만 신청이 가능해. 이노비즈 인증을 받으면 지원 사업 가점뿐만 아니라 기술보증기금의 보증지원, 병역특례 심사 시 우대 등 다양한 혜택이 있어. 이노비즈 홈페이지(https://innobiz.net)에서 관련 내용을 확인해 보고 우리 기업도 가능할지 검토해 봐.

이노비즈 인증이 주로 제조업, 소프트웨어개발업 등 기술혁신이 필요한 분야의 기업이 받을 수 있는 인증이라면, 메인비즈 인증은 도소매업 등 제조 분야가 아닌 기업이 도전해 볼만한 인증이야. 메인비즈는 경영혁신형 중소기업에 대한 인증으로, 설립된 지 3년이 지난 중소기업으로서 현재 경영혁신 활동을 수행하고 있거나, 혁신 활동을 통해 혁신 성과를 얻고 있는 중소기업이 받을 수 있는 인증이야. 정기세무조사 유예, 신용보증기금의 보증지원, 병역특례 심사 시 우대 등 다양한 혜택이 있기 때문에 잘 준비해서 메인비즈 인증 정도는 갖추는 것이 좋아. 메인비즈 홈페이지(https://www.smes.go.kr/mainbiz)에서 관련 내용을 자세히 확인할 수 있어.

5장

성장하는
기업의
노무 관리

01

법인의 대표이사는
급여를 어떻게 받아야 할까?

사업소득, 근로소득

김대표 형, 이제 영업이익도 나서 월급을 좀 받고 싶어. 우리 회사와 일하는 프리랜서들에게 지급하는 것처럼 3.3%를 떼고 가져가면 될까?

세무형 보통은 사업자가 개인에게 외주비를 지급할 때 원천징수 세액 3.3%를 공제하고, 사업소득으로 지급하면서 비용처리를 해. 그런데 법인이 대표이사에게 사업소득의 형식으로 지급을 하는 것이 가능할까?

법인의 경우 대표이사가 직접 회사를 설립하고 키우다 보면 법인을 통해 벌어들인 자금을 원하는 때에, 원하는 금액을, 원하는 방식으로 자유롭게 개인 계좌로 가지고 올 수 있을 것 같지만, 사실 그렇지 않아. 법률상 법인은 분명하게 인격이 구분된 별도의 실체이기 때문에 아무리 대표이사라고 해도 법인의 자금을 인출하려면 타당한 근거가 있어야 해.

우선 대표이사가 법인을 위해 일한 대가로 받는 금액은 근로소득으로 간주되기 때문에 만일 3.3% 원천징수세액을 신고·납부하면서 외형을 사업소득으로 지급하더라도 향후 세무조사 시 근로소득으로 보아 근로소득세 및 4대보험료는 물론 가산세까지 징수될 수 있으니 주의해야 해.

◆ 사업소득과 근로소득의 차이는 168쪽에서 자세히 설명한다.

한편, 대표이사가 법인의 사업과 명확하게 구분되는 별도의 인적용역을 제3자에게도 제공하고 있어서 해당 법인에게도 계약서를 작성하고 적절한 보수를 책정하여 지급하였다면 사업소득으로 인정될 수 있는데, 일반적인 경우에는 꼭 4대보험에 가입하고 근로소득으로 지급해야 해.

예를 들어, IT기업의 대표이사가 디자인컨설팅 용역을 제공하거나, 제조업의 대표이사가 세무회계컨설팅 서비스를 제공하는 경우야. 이 경우 대표이사가 제3자와 동일한 조건으로 법인과 계약을 체결하고, 해당 업종을 별도의 법인이나 개인사업자로 영위하고 있어야 해. 이를 통해 세무당국으로부터 정상거래라고 인정받을 수 있어야 해.

02

대표와 임원의 급여와 상여는 어떻게 정할까?

급여액, 상여지급액

김대표 그럼 내 급여는 내 마음대로 정하고 언제든지 인상할 수 있는 거지? 상여도 당연히 회사 사정에 따라 내가 정하면 되는 거고?

세무형 안타깝게도 대표가 100% 주주인 개인회사라고 해서 급여액과 상여지급액을 마음대로 정할 수는 없어. 법인자금을 사용할 때는 반드시 명확한 근거와 적법한 절차를 따라야 해. 그래야 법인의 투명성을 지키고 세무 리스크도 줄일 수 있어. 특히 대표이사나 임원한테 급여나 상여를 지급할 때는 더 신경 써야 해.

우선 대표이사나 등기 임원에게 급여와 상여를 지급하려면, 주주총회에서 정한 보수 한도 내에서만 지급해야 해. 급여는 고정비로 들어가는 만큼 회사 자금 흐름이나 연간 계획을 고려해서 너무 무리하지 않는 선에서 책정하는 게 좋아.

상여금은 정관이나 정관에서 위임한 '임원 상여 지급규정'에 따라 지급해야 해. 대부분 정관에 상여금 관련 내용을 직접 넣기보다는 '임원 상여 지급규정'에 위임해서 별도로 정하는 경우가 많아. 이렇게 하면 규정을 변경하거나 수정할 때도 더 유연하게 대응할 수 있기 때문이야. 임원 상여 지급규정이 없으면 지급한 금액이 비용으로 인정되지 않을 수도 있고, 나중에 법인세와 가산세가 나올 가능성이 크므로 미리 규정을 마련하는 게 필수야.

상여금 지급규정을 만들 때는 사업 실적과 연동되는 기준을 정해서, 임원의 성과에 따라 보상을 받을 수 있게 하면 돼. 이러면 회사 입장에서도 부담이 덜하고, 임원 입장에서도 동기부여가 되지.

급여는 고정적으로 나가는 비용이라 너무 높게 잡으면 자금 운영에 부담이 될 수 있지만, 상여금은 실적에 따라 조정할 수 있기 때문에 유연하게 운영할 수 있는 장점이 있어. 이런 점을 활용해서 급여는 안정적인 수준으로 책정하고, 상여금은 사업 실적에 따라 지급하는 구조로 가는 게 좋아.

결론적으로 상여금 규정이 명확하면 법인의 세무 리스크도 줄일 수 있고, 자금 집행의 정당성도 확보할 수 있으니 미리 철저하게 준비해두는 것이 중요하다는 걸 잊지마.

03

직원 급여는 어떻게 처리하면 될까?

고용 형태, 4대보험

김대표 직원을 채용했는데 3.3%를 떼고 사업소득으로 처리해 달라고 하네. 직원이 원하는 대로 해줘도 되는 거야?

세무형 직원을 채용하고도 4대보험에 가입시키지 않고 급여를 사업소득 형태로 지급하는 건, 말 그대로 시한폭탄을 안고 달리는 것과 같아. 그리고 그 직원이 오래 근무할수록 이 폭탄의 위력은 더 커져.

우선, 직원이 4대보험 가입 대상인데도 가입하지 않으면 과태료가 부과될 수 있어. 특히 비정규직 직원이 있다면, 고용 형태에 따라 4대보험 가입 의무가 있는지 반드시 확인해야 해. 고용 형태를 명확히 정의하고 필요한 절차를 밟아야 나중에 불필요한 문제가 생기지 않아. 더구나 직원이 1년 이상 근무하게 되면 4대보험 문제만이 아니라 퇴직금이나 연차수당 지급 이슈까지 생길 수 있어. 여기서 중요한 건 직원이 업무 위임 계약 형태로 근무하고 사업소득으로 급여를 받았더라도 실제 근로자로 판단될 가능성이 있다는 점이야.

법적으로 근로자인지 아닌지는 다음과 같은 요소들을 종합적으로 검토해서 판단해.

- 회사가 직원의 업무 내용을 지시하고 감독하는지
- 근무 시간과 근무 장소가 회사에 의해 정해져 있는지
- 고정된 월급, 주급, 일급 형태로 정기적으로 보수를 지급받는지
- 업무 수행 과정에서 얼마나 독립적인 판단과 권한을 행사할 수 있는지
- 해당 회사의 업무에만 전속적으로 종사하는지

만약 이런 조건을 만족해서 실질적으로 근로자로 판단된다면 퇴직금을 포함하여 미사용 연차수당까지 지급해야 할 수도 있어. 이런 경우에는 회사가 예상하지 못한 비용이 발생하므로 기업에 큰 부담이 될 수 있어.

직원의 근로자 여부 판단은 노동자를 보호하기 위해 법률적인 보호를 받는 민감한 부분이라서 처음부터 정확히 처리하는 게 나중에 큰 문제를 예방할 수 있는 길이야. 직원을 채용할 때 기본적인 의무 사항을 확실히 지키는 게 결국 회사에도 이익이 되는 일이야.

04

취업규칙과 급여지급일은
어떻게 결정해야 할까?

취업규칙, 급여지급일

김대표 노무사가 이제 슬슬 취업규칙도 준비해야 된다고 하던데, 취업규칙이 뭐야?

세무형 취업규칙은 직원들의 근로 조건과 회사 내 규칙을 명확히 정리한 문서야. 만약 회사에 직원이 10명 이상이라면, 반드시 취업규칙을 작성해서 고용노동부에 신고해야 해.

취업규칙에는 근로기준법에서 요구하는 내용이 반드시 포함되어야 해. 예를 들어, 근로 시간, 휴일, 급여지급일, 퇴직금 등 기본적인 사항들이 들어가야 해. 그리고 회사 상황에 맞게 필요한 규정을 추가로 반영할 수도 있어. 고용노동부에서 제공하는 '표준취업규칙'을 참고하거나, 노무사의 자문을 받아 작성하면 돼.

급여지급일은 취업규칙에서 꼭 포함해야 할 중요한 내용 중 하나야. 급여지급일에 대해 팁을 좀 주자면 직원 입사와 퇴사가 잦은 사업 초기 단계에서는 급여를 익월 지급으로 설정하는 게 좋아. 왜냐하면 처음부터 당월 지급으로 정할 경우 예상치 못한 문제가 생길 수 있기 때문이야. 단적인 예로 A회사에서 당월 25일에 급여를 지급했는데, 다음 날인 26일에 퇴사한 직원이 있었어. 결국 회사는 한 달치 급여를 지급하고 바로 퇴사자를 처리해야 해서 곤란했지. 그러므로 추후 회사가 안정되면 임직원의 경제적 상황을 고려해 익월 지급에서 당월 지급으로 변경하는 걸 고려하면 돼.

참고로 취업규칙이 도입된 후 추후 내용을 변경할 경우 근로자에게 불리한 변경은 근로자 동의가 필요하기 때문에 변경이 어려울 수 있어.

- **근로자에게 유리한 변경 :** 동의 없이 가능. 예를 들어, 급여 익월 지급 → 당월 지급으로 변경하는 경우
- **근로자에게 불리한 변경 :** 근로자 과반수의 동의 필요. 예를 들어, 급여 당월 지급 → 익월 지급으로 변경하는 경우

취업규칙은 회사 운영의 기본이 되는 문서라 처음부터 꼼꼼하게 작성하고, 변경 시에도 절차를 잘 지키는 게 중요하다는 걸 꼭 기억해.

05

근로계약서는 어떻게 작성해야 할까?

직원 채용, 근로계약서

김대표 직원을 채용하긴 했는데 한 번도 근로계약서를 안 썼어. 근로계약서는 꼭 써야 하는 거지? 근로계약서는 어떻게 작성해?

세무형 근로계약서는 정규직이든 비정규직이든 반드시 작성해서 직원에게 전달해야 해. 그리고 회사 내부적으로도 작성한 근로계약서를 3년간 보관해야 해. 이건 법적 의무사항이야.

근로계약서에는 직원과 회사 간의 기본적인 약속들이 포함되어야 하는데, 아래 내용은 반드시 들어있어야 해.

임금의 구성과 금액	기본급, 수당 등 임금 항목별로 구체적으로 명시
임금 지급 시기와 방법	지급 날짜와 계좌 이체 등의 지급 방식을 명시
근로 시간	일일/주간 근무 시간과 휴게 시간 명시
휴일 및 연차 유급휴가	주휴일, 공휴일, 연차 사용 방법 명시
업무 장소와 내용	근무지의 위치와 근무 내용 명시

위 내용들을 명확히 적어서 직원에게 줘야 해. 근로계약서는 직원이 입사하기 전에 미리 작성하는 게 가장 좋아. 하지만 사정상 그렇지 못했다면 첫 출근일에 반드시 작성해야 해. 근무가 이미 시작된 뒤에 소급해서 작성하더라도, 첫 근무일 기준으로 계약서 효력이 발생해. 만약 근무일 이후 늦게 작성했다고 벌금이나 과태료가 부과되는 건 아니야. 하지만 문제는 첫 출근일에 근로계약서를 작성하지 않은 상태에서 직원이 갑자기 퇴사하거나 노동청에 신고하는 경우야. 실제로 첫 근무일에 근로계약서를 작성하지 않았다는 이유로 해당 회사에 벌금이 부과된 사례가 있어. 특히 직원이 첫 근무 몇 시간 만에 퇴사한 뒤 이를 노동청에 신고한 사례도 있으니, 이 점을 꼭 유의해.

06

급여에 비과세 항목을 넣으면 세금을 덜 낼까?

급여, 비과세 항목

김대표 형, 직원들이 세금을 떼고 난 후의 급여가 적다고 해. 급여에 비과세 급여 항목을 넣으면 세금을 좀 덜 뗀다고 하던데, 비과세 항목이 뭐야?

세무형 비과세 항목은 소득세가 과세되지 않을 뿐만 아니라, 직원과 회사가 부담하는 4대보험 계산에서도 제외돼. 그래서 해당되는 항목이 있다면 급여 설계 시 최대한 활용하는 게 좋아.

대표적인 비과세 항목은 식대야. 식대는 월 최대 20만 원까지 비과세가 적용돼서 많은 회사가 급여에 반영하고 있어. 하지만 회사가 직접 식당을 운영하거나, 외주업체를 통해 식사를 제공하거나, 법인카드로 식사비를 지원하는 경우에는 이미 혜택을 받은 거라 중복해서 비과세 급여로 적용할 수 없어. 그러니 이 점을 꼭 주의해.

식대 외에도 몇 가지 비과세 항목이 있어. 이 항목들은 회사와 직원 모두에게 도움이 될 수 있으니 상황에 맞게 검토하면 좋아.

❶ 자기 차량 운전 보조금

자기 차량 운전 보조금은 직원이 본인 명의의 차량으로 회사 업무를 수행할 때 20만 원을 비과세로 지급할 수 있어. 실제로 업무에 사용되는 차량만 해당되고 원칙적으로 단순 출퇴근용으로 이용되는 차량은 제외되니 차량의 이용 목적을 확인해야 해.

❷ 연구보조비 또는 연구활동비

연구보조비 또는 연구활동비로 지급하는 월 20만 원 이내의 금액은 비과세가 가능해. 이는 기업부설연구소나 연구개발 전담부서의 연구원에 대해 연구개발과 관련된 업무보조 형태로 지급되기 때문에 해당 부서 직원에게만 적용이 가능해.

❸ 보육수당

만 6세 이하 자녀가 있는 직원에게 지급하는 수당이야. 자녀 수와 관계없이 20만 원 이내의 금액을 비과세하며, 동일 직장에서 맞벌이하는 근로자가 6세 이하의 자녀 1인에 대하여 각각 보육수당을 수령하는 경우 각각 월 20만 원 비과세가 가능해.

상황에 맞게 항목들을 급여에 반영하되, 각 항목별로 조건과 기준을 꼭 확인하고, 필요하면 전문가와 상의하는 게 좋아. 비과세 항목을 잘 활용하면 직원과 회사 모두 윈윈할 수 있는 전략을 구상할 수 있어.

07

사업소득자와 근로소득자는
어떤 점이 다를까?

사업소득자, 근로소득자

김대표 형, 곤란한 일이 생겼어. 프리랜서 형태로 근무하던 직원이 퇴직하면서 퇴직금을 받지 못했다면서 갑자기 고용노동부에 신고를 했어. 프리랜서로 계약을 했는데 퇴직금을 주는 게 말이 돼? 어떻게 해야 해?

세무형 아이고, 이를 어째. 프리랜서와 계약을 하고 업무를 진행하더라도, 그 직원이 실제로는 임금을 목적으로 회사의 지시와 관리 아래에서 종속적으로 일했다면, 법적으로 근로자로 인정될 수 있어. 이렇게 되면 근로기준법에 따라 퇴직금을 지급해야 해. 앞서도 설명했지만 다음과 같은 사항들을 종합적으로 고려해서 판단해.

- 회사가 직원의 업무 내용을 지시하고 감독하는지
- 근무 시간과 근무 장소가 회사에 의해 정해져 있는지
- 고정된 월급, 주급, 일급 형태로 정기적으로 보수를 지급 받는지

- 업무 수행 과정에서 얼마나 독립적인 판단과 권한을 행사할 수 있는지
- 해당 회사의 업무에만 전속적으로 종사하는지

만약 이런 조건들이 충족된다면 프리랜서 계약이라 하더라도 실질적으로 근로자로 인정될 가능성이 커져. 회계감사를 하다 보면 퇴직금 소송에 휘말린 회사들을 종종 볼 수 있어. 이들 회사 대부분은 근로계약서 대신 업무위임계약서를 작성하고, 인건비를 사업소득 형태로 지급해 온 경우야. 표면적으로는 프리랜서처럼 보이지만 실제 근무 방식은 회사의 직원처럼 일한 경우가 많아. 계약서의 형식과는 무관하게 실질적으로 직원처럼 고용 관계로 일을 시키고 있다면, 퇴직금을 지급해야 할 수 있어.

따라서 프리랜서 직원에게도 퇴직금을 지급하는 경우가 생기지 않으려면 근무 시간이나 장소를 프리랜서 직원이 자유롭게 선택할 수 있어야 하고, 회사는 업무 내용에 대한 지시나 감독을 줄이고 업무 수행 방식을 자유롭게 결정하도록 해야 해. 또한 회사의 내부적인 조직의 보고 절차에서 분리하여 운영하는 것이 좋아. 프리랜서로 계약했지만 실제로는 근로자처럼 일하게 될 가능성이 높다면 애초에 근로계약으로 고용하는 것이 더 안전해. 따라서 특정 계약을 체결할 때 전문가와 상담하여 계약 형태와 내용을 검토하고 근로자성 여부에 대한 리스크를 사전에 점검 받는 것이 중요해.

08

창업 초기 단계에서 퇴사율을 낮추고 사기를 높여줄 좋은 방법은?

스톡옵션, 스톡그랜트, 성과공유확인제도, 직무발명보상제도

김대표 직원들이 급여가 적어서인지 퇴사가 너무 잦네. 한 명만 퇴사해도 타격이 큰데, 직원들의 사기를 북돋을 좋은 방법이 없을까?

세무형 회사가 아직 창업 초기 단계이거나 상장 계획이 있다면, 직원들에게 스톡옵션이나 스톡그랜트, 성과공유확인제도, 직무발명보상제도를 제공하는 것을 고려해볼 수 있어. 이 제도들은 직원들이 회사의 성공과 함께 이익을 공유하도록 만들어 주므로 동기부여에 효과적이야.

❶ 스톡옵션(주식매수선택권)

스톡옵션은 직원이 정해진 기간 후, 회사의 주식을 미리 정한 금액으로 매수할 수 있는 권리를 부여하는 거야. 예를 들어, 회사가 직원에게 주식 1주를 5000원에 살 수 있는 스톡옵션을 부여한다고 하자. 3년 후 회사 주가가 1주당 10000원으로 올라도 직원은 여전히 5000원에 주식을 매수할 수 있어. 이때 직원이 1주당 5000원의 이익을 얻게 되는 구조야.

회사의 주가가 오를수록 직원도 이익을 얻는 구조라서 회사 성장에 기여하려는 동기를 유발할 수 있어. 특히 스타트업에서는 초기 급여 부담을 줄이면서도 장기적으로 직원에게 보상을 제공할 수 있는 좋은 제도야.

❷ 스톡그랜트(성과조건부 주식부여)

스톡그랜트는 직원에게 일정 조건(근무 기간, 성과 달성 등)을 만족하면 주식을 무상으로 지급하는 제도야. 직원은 회사 주식을 받음으로써 이익을 얻고, 추가적인 주가 상승 시 이익이 더 커지기 때문에 장기 근무를 유도할 수 있고 성과 달성에 대한 강력한 동기부여가 가능해.

❸ 성과공유확인제도

성과공유확인제도는 중소기업과 근로자가 경영 목표를 설정하고 그 목표를 달성하였을 때 성과급을 지급하는 내용을 사전에 서면으로 약정하고, 이에 따라 근로자에게 지급하는 중소기업에 대한 확인제도야. 회사와 근로자가 함께 성장하는 차원에서 도입을 장려하는 제도이지. 성과공유도입기업으로 확인을 받으려면 1인당 성과급을 제외한 연봉이 전년도보다 감소해서는 안 되고, 성과급이 1인당 35만 원 이상이어야 해. 연봉을 줄여서 성과급으로 지급한다면 의미가 희석되니 연봉 유지 조건은 어찌 보면 당연해.

성과공유확인기업에는 혜택도 주어져. 성과공유확인기업이 지급한 경영성과급은 성과급의 10%를 법인세(소득세)에서 공제할 수 있어. 단, 상시근로자가 전년도보다 줄면 공제가 불가능한 채용 유지 조건이 있어. 또한, 근로자에 대해서도 성과급 수령에 따른 근로소득세 증가분의 50%는 세액공제가 되어서 근로자의 실질소득에도 도움이 되는 제도야. 단, 총 급여액의 7000만 원을 초과하는 근로자는 제외돼.

❹ 직무발명보상제도

기술 기반이거나 서비스 기반의 IT회사 등에서 사용할 수 있는 직무발명보상제도가 있어. 직무발명보상제도는 직원이 회사에서 일하며 개발한 특허나 발명 등에 대해 회사가 금전적 보상을 지급하는 제도야. 기술 및 제품 개발에 직원들의 적극적인 참여를 유도하고 창의적인 아이디어와 혁신적인 해결책을 장려할 수 있어.

예를 들어, 직원이 특정 기술로 특허를 등록했을 경우에 회사가 해당 특허로 발생한 매출의 일정 비율을 보상으로 지급하도록 내부 규정을 구비하고 지급하면 직원은 연 700만 원까지 비과세로 수령할 수 있어. 회사 입장에서도 연구개발비로 인정 받아 연구인력개발비 세액공제가 가능해.

당장 급여를 높이기 어려운 사업 초기 회사라면 회사의 상황을 고려해 앞서 설명한 제도를 도입하여 직원과 회사가 함께 성장할 수 있는 기반을 마련해 봐.

 **스톡옵션의 성공 사례**

도서 구독 플랫폼인 밀리의 서재는 초창기부터 임직원에게 스톡옵션을 부여하며, 임직원과 회사의 성장을 함께 나누는 문화를 만들어왔다. 2023년 9월 코스닥에 상장하면서 일부 직원들이 보유한 스톡옵션을 행사했고, 공모가 기준으로 환산한 평균 시세 차익은 1인당 약 1억 7천만 원에 달한 것으로 추정된다.

또 다른 예로, 바이오 기업인 셀트리온은 2009년부터 지속적으로 스톡옵션을 부여해 임직원이 회사의 성장에 참여할 수 있는 구조를 마련했다. 특히 2018년에는 임원 8명이 총 3만 주 이상의 스톡옵션을 행사해 당시 기준으로 약 66억 원의 평가차익을 실현한 것으로 알려졌다.

이와 같이 사업 초기 기업에게 스톡옵션은 직원들에게 회사의 성장 가능성을 공유하고, 회사의 미래를 함께하는 주인 의식을 불어넣을 수 있는 긍정적인 제도이다.

09

직원을 해고할 수 있을까?

해고 사유, 해고 통지

김대표 회사에 근태가 불량한 직원이 있어. 몇 번이나 주의를 줘도 변화가 없는데 이제는 그냥 해고해도 될까?

세무형 상시근로자 수가 4명 이하인 경우에는 특별한 사유가 없어도 해고할 수 있는데 5명 이상인 경우라면 적법한 절차에 따라 해고를 해야 해. 우선 근로기준법을 벗어나지 않는 합리적인 선에서 해고에 관한 규정을 취업규칙에 반영해 놓고, 취업규칙 해고 사유에 해당할 경우 이를 근거로 해고할 수 있어.

다음은 근로자에게 책임이 있는 정당한 해고 사유의 예야.

장기간 무단결근	회사에 통보 없이 장기간 출근하지 않는 경우
불성실한 태도	지속적으로 업무에 성실하지 못한 태도를 보이는 경우
업무 지시 거부	정당한 업무 지시를 반복적으로 거부하는 경우
허위 이력서	학력, 경력 등 중요한 사항을 속이고 입사한 경우

횡령 또는 범법 행위	회사 자금을 횡령하거나 법을 어긴 경우
폭력 행사	동료나 상사를 폭행하거나 위협한 경우

해고를 결정했다면 적어도 30일 전에 미리 알리고, 해고 대상자에게 준비할 시간을 줘야 해. 만약 30일 전에 예고를 하지 않았다면 30일분의 통상임금을 지급해야만 해.

해고 통지는 해고 사유와 해고 시기를 구체적으로 적은 문서를 근로자에게 반드시 전달해야 해. 이때 서면으로 전달하지 않으면 해고 자체가 무효로 간주될 수 있어. 만약 근로자가 주소를 알려주지 않거나 서면 통지를 받지 않으려는 경우에는 해고통지서를 우편으로 보내는 것이 원칙이야. 만약 우편 발송이 불가능하다면, 부득이하게 해고통지서를 사진으로 찍어 휴대폰으로 전송해도 법적으로 서면 통지로 인정될 수 있어.

해고는 회사와 근로자 모두에게 민감한 문제이니 법적인 절차를 정확히 준수하고, 정당한 이유와 서면 통지를 철저히 지키는 것이 중요해. 이렇게 하면 불필요한 분쟁을 예방하고 회사 운영의 안정성을 유지할 수 있어.

10

부당해고로 신고가 됐다면 어떻게 대응할까?

부당해고, 해고 사유

김대표 형, 얼마전에 해고한 친구가 부당해고로 고용노동부에 신고를 했어. 회사 운영하기도 바쁜데 직원 문제까지 생기니까 골치가 아프네. 회사 운영이 정말 쉬운 일이 아니구나 싶어. 어떻게 해야 할까?

세무형 회사를 운영하다 보면 직원 관리 문제가 생각보다 쉽지 않아. 우선 회사 입장에서 해고가 정말 정당했는지 재확인해 봐. 근로자가 실수했거나 규정을 어긴 게 맞는지, 해고 절차를 정말 제대로 따랐는지 살펴봐야 해. 해고할 때 사전에 통보하고, 이유를 알려주고, 근로자에게 변명할 기회를 줬는지, 해고 사유와 해고 시점을 서면으로 전달했는지 등을 점검해야 해.

고용노동부의 조사를 대비해 모든 문서와 증거를 철저히 준비해. 경고장, 해고 사유 기록, 근무 태도 관련 문서 등 서면 증거와 해고 절차를 적법하게 진행했다는 자료가 있어야 해. 그래야 조사 중에 회사의 입장을 제대로 설명할 수 있어.

　다음 단계로 노동위원회의 조정 회의가 열릴 수도 있어. 이 자리에서는 근로자와 합의할 수 있는지 한번 판단해 보고, 만약 안 되면 노동위원회 심판 절차로 넘어갈 준비를 해야 해. 노동위원회 심판에서 최종적으로 부당해고인지 아닌지 판단하게 되므로 여기서 법률 대리인 같은 전문가의 도움을 받는 것도 좋아. 그리고 만약에 심판 결과가 마음에 안 든다면 노동 전문 변호사 상담을 통해 법원 소송까지 고려해 볼 수 있어.

직원 휴가는
1년에 며칠을 줘야 할까?

근속 기간, 연차휴가

김대표 이제 직원 휴가 관리도 잘해야 할 것 같은데, 1년 동안 휴가는 며칠을 줘야 하는 거야?

세무형 근로자의 근속 기간에 따라 달라져. 근속 기간이 1년 미만인 근로자의 경우 1개월 근무 시 1일의 휴가를 받을 수 있어. 근속 기간 1년 이상의 근로자가 1년 동안 소정 근로일수의 80% 이상 출근한 경우 15일의 연차를 받고, 그 이후 매 2년마다 1일씩 가산한 휴가를 최대 25일까지 받아.

근로자가 사용하지 않은 연차휴가에 대해서는 취업규칙 등에서 정한 대로 통상임금이나 평균임금을 기준으로 지급해야 해.

통상임금은 정기성, 일률성, 고정성이라는 3가지 요건을 모두 충족하는 임금만 포함돼. '정기성'은 정해진 기일에 지급하기로 정해진 임금(1년 이내 지급 주기)이야. '일률성'은 해당 사업체의 모든 직원들에게 일률적으로 지급되는 임금이야. '고정성'은 근로자가 근로를 했다면 업무의 성과 및 기타 추가적인 조건과 상관없이 지급이 확정돼 있는 임금을 의미해. 쉽게 말해 근로 성과와 상관없이 정해진 금액을 정기적으로 지급하는 임금을 의미하지. 반면에 평균임금은 평균임금을 산정해야 할 사유가 생긴 날로부터 3개월 이전의 기간에 그 근로자에게 지급된 임금의 총액을 그 기간의 총 일 수로 나눈 금액을 의미해.

회사에서 근로자가 연차휴가를 적극적으로 사용하도록 조치를 적법하게 취할 경우에는 연차휴가 미사용 수당을 지급하지 않아도 돼. 예를 들어, 직원에게 휴가 사용 시기를 지정하도록 독려하거나 일정 기간 내 사용을 권고하는 방식이야. 이 제도를 도입하면 회사 입장에서 휴가 사용과 비용 관리를 효율적으로 할 수 있는 장점이 있어.

퇴직금 지급은
어떻게 준비하면 좋을까?

퇴직급여제도, 확정급여형, 확정기여형

김대표 퇴직금을 갑자기 한 번에 지급하면 부담이 될 것 같은데 어떻게 준비해 두면 좋을까?

세무형 직원의 퇴사는 회사 입장에서는 예측하기 어렵고, 퇴직 시에는 퇴직금을 한꺼번에 지급해야 하다 보니, 자금 부담이 클 수 있어. 우선 퇴직급여제도는 확정급여형(DB형)과 확정기여형(DC형)으로 나뉘어.

	확정급여형(DB형)	확정기여형(DC형)
개념	회사가 적립금을 운용하고, 퇴직 시에 근로자에게 정해진 퇴직금을 지급하는 방식	회사가 매년 근로자 임금의 일정 비율(보통 1/12)을 적립해 주고, 근로자가 직접 적립금을 운용하는 방식
운용 주체	• 회사 부담 • 운용에 따른 수익과 손실을 회사가 가져감	• 근로자 부담 • 근로자가 자신의 투자 성향에 맞게 적립금을 투자하고, 그 결과에 따라 발생하는 수익과 손실도 근로자가 가짐

퇴직금 지급액	• 근로자의 근속 기간과 평균 임금에 따라 근로기준법으로 정함	매년 회사가 근로자의 DC계좌에 납입하면서 퇴직금 지급 의무를 수행함

결과적으로 확정기여형의 경우 퇴직 시 적립된 금액과 운용 수익(또는 손실)을 근로자가 받게 되는 것이고, 확정급여형은 운용 수익과 손실은 모두 회사에 귀속되고 근로자는 근로기준법에 따라 퇴직 전 3개월 급여를 기준으로 근속 기간에 해당하는 퇴직금만 수령하게 되는 거야.

일반적으로 급여는 우상향하므로 급여 인상폭이 물가상승보다 높은 회사라면 확정기여형 퇴직급여제도를 운영하는 것이 유리해. 매년 임직원의 퇴직연금 계좌에 그 해의 급여의 12분의 1로 적립을 하기 때문에 갑자기 큰 자금이 인출되는 상황을 막을 수 있어. 또한, 직원은 자신의 투자 성향에 따라 더 많은 수익을 기대할 수도 있어. 회사의 재무 상황과 직원의 요구에 맞춰 확정기여형과 확정급여형 중 적합한 방식을 선택하면 돼.

13

직원이 5인이 넘으면 주의할 점이 있을까?

상시근로자, 근로기준법

김대표 어느덧 직원이 5명이 넘었어. 직원이 늘면 주의해야 할 사항이 있을까?

세무형 상시근로자가 5인 미만인 사업장은 근로기준법 적용이 일부 면제돼. 하지만 직원 수가 5인 이상이 되면 적용되는 규정이 훨씬 많아지고 엄격해지기 때문에 미리 알아두는 게 중요해.

5인 미만 사업장에서 적용되지 않는 주요 근로기준법 조항은 다음과 같아.

시간 외 근무 수당	근로자가 근로 시간을 초과해 일했더라도, 통상임금의 50%를 가산한 시간 외 근무 수당을 지급하지 않을 수 있다.
연차 유급 휴가	근로자에게 연차 유급 휴가를 부여할 의무가 없다.
부당해고 금지	특별한 사유 없이 해고해도 부당해고로 간주되지 않는다.

근무 시간 및 연장 근무 제한	근로 시간(1일 8시간, 1주 40시간)과 연장 근무에 대한 제한이 적용되지 않는다.
취업규칙 작성 의무	취업규칙을 작성하고 신고할 필요가 없다.

 반면에 직원이 5인 이상이 되면 위의 조항들이 모두 적용되기 때문에 근로기준법이 엄격하게 적용돼. 시간 외 근무 수당, 연차 휴가, 부당해고 금지 등이 의무 사항으로 전환되고, 근로 시간 제한과 연장 근무 규정도 따라야 해. 또한, 취업규칙도 작성하고 고용노동부에 신고해야 하지.

 직원 수가 늘어나면서 노동법 관련 의무사항도 복잡해지고 강화되기 때문에 노무사와 상담하여 필요한 절차와 규정을 미리 정비하는 것이 좋아. 특히 퇴직금, 휴가, 근로 시간 관련해서 실수가 발생하지 않도록 주의해.

6장

성장하는 기업을
탄탄하게 운영하는
노하우

01

매출이 잘 나오는 것 같아도 현금이 돌지 않는 것 같다면?

자금 관리

김대표 사업은 잘 되고 있는 것 같은데 자금 관리가 어려워. 매출은 많이 올렸는데 통장에 돈은 없고, 이게 어떻게 된 일일까? 자금 관리를 잘하는 방법이 따로 있을까?

세무형 자금 관리는 사업 운영에서 정말 중요한 부분이야. 아무리 매출이 잘 나와도 돈(현금)이 돌지 않으면 사업이 어려워지고, 심지어 흑자를 내고도 도산하는 경우도 있어. 이런 걸 '흑자 도산'이라고 해. 그래서 자금 문제는 미리 관리하는 게 정말 중요하지. 지금부터 자금 관리의 노하우를 살펴볼까?

❶ 채권과 채무 관리부터 시작하기

먼저, 돈을 받을 날짜(채권 회수기일)와 돈을 줄 날짜(채무 지급기일)를 정리해. 채권 관리 시 내 사업에서는 매출 후 통상적으로 며칠이 지나야 돈을 받을 수 있는지 알아봐. 돈을 빨리 받을수록 자금 흐름이 더 좋아져.

반대로 채무 관리 시에는 거래처나 공급사에 돈을 언제까지 줘야 하는지 확인해. 너무 늦게 주면 거래처와의 관계가 나빠질 수 있으나 자금 흐름 측면에서는 유리하지.

❷ 매출추이를 통해 재고를 관리하기

사업의 월별 매출 추이를 분석해서 재고 보유량을 관리해야 해. 재고가 너무 많으면 돈이 재고에 묶여서 현금 유동성이 악화되고, 장기 재고는 실제 판매로 이어지지 않을 가능성이 높아져. 따라서, 적정한 재고량을 유지하고, 매출 추이에 맞게 재고와 자금을 관리하는 게 핵심이야.

❸ 고정비와 변동비 관리하기

비용도 정기적으로 확인해야 해. 비용은 크게 고정비와 변동비로 나뉘어. 고정비는 매달 꼭 나가는 돈으로, 예를 들어 임차료, 인건비 등이 있어. 고정비를 줄일 수 있는 부분은 최대한 줄이는 게 좋아.

변동비는 주로 매출에 따라 발생하는 비용으로, 예를 들어 광고마케팅비, 판매수수료 등이 있어. 변동비는 지급기일을 조정하거나 유연하게 관리해서 자금을 여유 있게 운용할 방법을 찾아보면 좋아.

❹ 차입금과 부채비율 관리하기

필요하다면 은행에서 돈을 빌리거나 차입을 할 수도 있어. 하지만 차입금이 너무 많아지면 위험해. 빌린 돈이 많으면 나중에 투자 유치나 정책 금융지원을 받기 어렵고, 회사의 재무 안정성이 나빠질 수 있어. 그러므로 부채비율은 항상 적정 수준으로 관리해야 해.

결론적으로 ❶ 채권과 채무의 회수와 지급기일을 파악해서 돈이 잘 돌도록 관리하여야 하고, ❷ 월별 매출과 재고량을 맞춰서 필요 이상으로 돈이 묶이지 않게 해. ❸ 고정비는 줄이고 변동비는 유연하게 관리해서 비용을 최적화해. ❹ 차입금과 부채비율은 적정 수준을 유지해서 재무 안정성을 지켜야 해.

위 4가지 방법으로 영업만큼이나 자금 흐름을 철저히 관리하면 사업을 더 안정적으로 운영할 수 있어.

유형자산 재평가로 부채비율 개선하기

법인을 운영하다 보면 늘 고민해야 하는 것이 부채관리이다. 경영을 하다 보면 매출이 좋을 때도 있고 안 좋을 때도 있다. 경영성과가 안 좋으면 자금이 부족하고, 자금이 부족해서 차입이라도 하면 부채비율은 나빠진다. 부채비율이 나빠지면 금리는 오른다. 금리는 오르고 이자부담으로 부채비율은 더 악화되니 차입금 회수 압박이 들어오는 악의 고리가 시작된다.

이때 고려해 볼 수 있는 방법은 유형자산 재평가이다. 만약 회사가 토지, 건물 등 유형자산을 보유하고 있다면 회계처리 방법을 원가법이 아닌 재평가법으로 변경하는 것이다. 그러면 토지, 건물에 대해 현재 시가로 감정평가를 받은 후 그 금액으로 재무제표에 계상된다. 일반적으로 부동산을 장기보유한 회사의 경우 부채비율을 큰 폭으로 개선할 수 있다. 감정평가는 내부 심사를 거쳐야 해서 감정평가사별로 감정가의 차이가 크지 않지만 조금이라도 유리하게 평가해 줄 수 있는 실력이 뛰어난 감정평가사를 찾는 것도 기술이다. 아무 감정평가사나 찾아

가지 말고 꼭 주변의 회계사, 세무사에게 물어보고 감정평가사를 추천받는 것이 부채비율을 가장 크게 개선시킬 수 있는 방법이다.

유형자산 재평가 방법은 부채비율 개선뿐만 아니라 자본잠식 해소 목적으로 유용하게 사용될 수 있다. 놓쳐서는 안 될 법인관리 포인트는 법인이 자본잠식상태가 되는 것을 방지하는 것이다. 자본잠식상태가 되면 대출 받기가 매우 어렵고 각종 사업 입찰에 제한이 생길 수 있다. 이때 토지, 건물을 재평가하여 재평가 이익이 발생하면 재평가 이익을 자본의 구성 요소로 분류하기 때문에 자본잠식을 해소하고 재무구조를 개선할 수 있다.

예를 들어, 부품제조업 대표 A씨는 환율 급등과 불경기로 인해 일시적으로 큰 금액의 손실이 발생하여 운영자금 대출이 필요했다. 하지만 누적된 손실로 인해 일부 자본잠식상태에 이르렀고 이미 받은 대출금 때문에 부채비율이 300%를 초과하여 신규 대출과 사업 입찰에서 어려움을 겪었다. 이를 해결하기 위해 재무제표를 검토한 결과 취득한 지 10년이 훌쩍 지난 토지와 건물이 있다는 것을 확인하였고, 토지와 건물을 재평가하여 부채비율을 낮추기로 했다. 감정평가 결과, 시가가 장부 금액보다 150억 원 높게 평가되면서 150억 원이나 되는 재평가이익이 자본에 반영되어 자본잠식 해소는 물론이고 부채비율이 100%로 낮아지면서 30억 원의 추가 대출을 성공적으로 받았다.

02

통장은 몇 개로
관리하는 것이 좋을까?

통장 관리, 상자 시스템

김대표 일단 통장이 중구난방이라 자금 관리가 더 어려운 것 같아. 통장을 좀 정리하고 싶은데, 몇 개로 관리하는 게 좋을까?

세무형 회사가 통장을 관리하는 방법에 정해진 답이 있는 건 아니야. 회사 상황에 따라 다양한 방식으로 자금 관리를 할 수 있어. 중요한 건 돈의 흐름을 한눈에 파악하고 체계적으로 관리하는 거야. 자금 흐름을 체계적으로 관리할 수 있는 몇 가지 방법을 살펴보자.

❶ 통장 두 개로 단순하게 관리하기

이 방법은 단순하고 효과적이기 때문에 초기 사업자들이 선택할 수 있는 방법이야. 매출계좌와 비용계좌 또는 운영계좌와 세금·비상금계좌 두 개의 통장만 관리해서 아직은 구조가 복잡하지 않은 회사에 어울리는 방식이지.

매출계좌	매출이 발생한 돈은 전부 여기로 들어오게 한다. 매출이 얼마나 되는지 바로 확인할 수 있다.
비용계좌	회사 운영비나 직원 월급, 거래처 대금 같은 지출은 여기에서 관리한다.

운영계좌	평소 회사 운영에 필요한 모든 자금을 관리한다.
세금/비상금계좌	세금 납부나 갑작스러운 비상 상황을 대비해서 일정 금액을 따로 모아두는 계좌이다. 예상치 못한 일이 생겨도 안심할 수 있다.

❷ '상자 시스템'으로 통장 여러 개로 나눠서 관리하기

통장을 여러 개의 상자로 나누는 방식이야. 기업이 성장함에 따라 돈의 흐름을 더 체계적으로 관리하고 싶을 때 적합해.

매출상자	모든 매출이 들어오게 설정한다. 매출 규모와 흐름을 한눈에 볼 수 있다. 채권관리 또한 쉽게 할 수 있다.
비용상자	월급, 임차료, 거래처 대금 같은 운영비가 나가도록 관리하는 상자이다.
세금상자	매월 예상되는 세금을 따로 떼어 두는 상자이다. 세금을 낼 때 갑작스럽게 돈이 부족한 일을 방지할 수 있다.
비상상자	갑작스러운 상황에 대비한 자금을 따로 보관하는 상자이다. 예상치 못한 지출에 유용하다.
투자상자 (선택적)	회사의 성장을 위해 투자에 사용할 돈을 따로 모아두는 상자이다. 장기적인 계획을 세울 때 좋다.

위의 방식과 상관없이, 가장 중요한 건 현금 흐름을 투명하게 관리하는 거야. 월별 매출과 비용의 흐름을 파악해서 어느 시점에 돈이 부족할지 예측해야 해. 또한 채권 회수일과 채무 지급일을 통장 관리와 연결해 일정에 맞게 돈을 움직이도록 계획하면 좋아.

요즘은 회계 프로그램이나 은행 앱을 활용해서 통장 관리를 자동화할 수 있어. 매출이 들어오면 일부를 자동으로 세금상자나 비상상자로 옮기도록 설정하면 관리가 훨씬 간편해. 정기적인 지출은 자동이체로 설정하면 놓치는 일이 없고 관리 부담도 줄어들어.

결국 통장 관리는 회사의 매출, 비용, 세금, 비상금이 어떻게 흘러가는지 한눈에 볼 수 있게 하기 위해서야. 그러므로 복잡하지 않고, 필요에 따라 유연하게 대응할 수 있는 구조를 만들어야 해. 자금 관리의 목표는 돈이 어디에 쓰이는지 명확히 하고, 갑작스러운 상황에도 대비할 수 있는 거야. 어떤 방식을 선택하든 회사 상황에 맞게 조절해서 관리하면 돼. 작은 회사라면 심플하게 시작하고 규모가 커지면 체계적으로 나눠가는 것이 좋아.

신용거래를 안전하게 할 수 있는 방법은 없을까?

채권 관리, 신용평가조회

김대표 형, 신규 거래처에서 돈을 안 줘. 매출만 신경을 썼더니 어느새 못 받은 돈이 꽤 쌓였어. 채권 관리를 잘 할 수 있는 방법이 있을까?

세무형 영업에만 집중을 하다 보면 채권 관리를 놓치는 수가 있어. 하지만 채권 관리는 중요성을 아무리 강조해도 지나치지 않아. 무턱대고 판매만 하지 말고 거래처와 신용거래를 할 때는 신용평가조회는 필수야.

◆ '신용거래'란 매매 계약 등에서 화폐의 지급을 뒷날로 정하는 거래를 의미한다.

거래처의 신용조사를 하고 싶다면 '크레탑'이나 '나이스신용평가' 등을 통해 가능해. 그리고 외부감사를 받는 회사라면 전자공시시스템을 통해서 회사의 재무제표와 감사 의견을 확인할 수 있으니 중요한 신용거래는 꼭 신용조사를 먼저 진행해야 해.

대기업들은 신용이 약한 회사와 거래할 경우 담보 제공을 요청하기도 해. 우리가 절대 갑이라면 참고할 수 있는 방법이야.

 더 알아보기

기업 신용정보를 조회할 수 있는 대표적인 사이트

사이트	운영 기관	주요 기능
크레탑 (CRETOP)	한국평가데이터 (KoDATA)	기업의 신용도, 재무 정보, 협력사 리스크 관리 http://cretop.com
DART (전자공시시스템)	금융감독원	상장 기업 및 외부 감사기업의 공시자료 제공(재무제표, 사업보고서 등) http://dart.fss.or.kr
KIS Credit (한국신용정보)	NICE신용평가정보	기업 신용평가, 개인 신용조사, 채권 회수 서비스 등 https://www.nicecredit.com
KED (한국기업데이터)	KED 한국기업데이터	기업 신용정보 조회, 협력사 평가, 기업 위험관리 서비스 https://www.ked.co.kr
NICE 평가정보	NICE그룹	기업 및 개인 신용평가, 채권 관리, 신용 리스크 관리 https://www.niceinfo.co.kr
서울신용평가정보 (SCI평가정보)	SCI평가정보	기업 신용평가, 소비자 및 금융기관을 위한 신용정보 제공 https://www.sci.co.kr

04

재고가 쌓여 공간이 부족한데
창고를 임대해야 할까?

재고 관리, 직접 관리 방식, 3PL

김대표 이번에 도소매업을 업종에 추가했더니 재고가 많이 쌓였어. 사무실에 공간도 부족해서 창고를 임대해야 할지 고민이야. 재고 관리를 하는 좋은 방법이 있을까?

세무형 재고 관리는 기업의 운영 효율성을 좌우하는 중요한 요소야. 적정한 재고 관리는 경영학에서도 많이 다루지. 재고 관리를 하는 방법은 크게 직접 관리 방식과 3PL(Third Party Logistics)을 사용하는 방식이 있어.

직접 관리 방식은 재고의 보관, 물류, 주문처리 등 모든 프로세스를 직접 처리하는 방식이야. 아무래도 직접 처리하려면 창고설비, 인력, IT시스템 등을 구비해야 하기 때문에 초기 투자비용이 많이 든다는 단점이 있어. 또한 사업이 성장하게 되면 계속적인 인프라 투자가 필요해. 하지만 재고와 물류 프로세스를 완전히 통제할 수 있기 때문에 운영에 대한 직접적인 관리와 빠른 의사결정이 가능하지. 그리고 비즈

니스의 특성에 맞게 물류 시스템을 효율적으로 운용할 수 있다는 장점이 있어. 삼성전자와 현대자동차, 쿠팡, 이마트 등 대기업에서는 자체적인 물류 시스템을 운영해.

3PL은 기업이 물류와 재고 관리를 외부 전문 물류업체에 위탁하는 것을 의미해. 아무래도 전문적인 물류업체가 관리하므로 효율성이 높고 재고 관리에는 신경을 덜 쓰고 영업에만 집중할 수 있는 장점이 있어. 하지만 외부에 관리를 맡기는 것이라서 기업이 모든 프로세스를 직접 통제하는 데는 어려움이 있어. 그리고 장기적인 외형 확대로 직접 운영하는 것보다 크게 증가할 여지가 있어.

따라서, 중소기업이나 초기 스타트업의 경우 주로 3PL을 이용하여 초기 비용과 리스크를 줄이는 방법을 고려해 볼 수 있어. 꼭 중소기업만 3PL을 이용하는 건 아니야. 애플과 나이키처럼 운영 효율성을 중시하는 글로벌 기업들은 대기업임에도 불구하고 3PL 방식을 사용하고 있어.

05

재무제표가 나쁘면
대출 연장이 어려울까?

대출, 재무제표

김대표 이번에 우리 거래처가 대출을 연장해야 하는데 재무제표가 나빠서 대출 연장이 어렵다고 했다고 해. 대출 연장을 안 해주면 정말 큰 일인데, 왜 금융기관에서 연장을 안 해주는 거야?

세무형 금융기관에서 대출을 심사할 때 가장 중요한 자료가 재무제표야. 재무제표는 회사의 재정 상태와 수익성, 안정성을 보여주는 문서인데, 대출이 어려운 경우를 예를 들어 살펴볼까?

❶ 수익성이 낮거나 적자가 지속되는 경우

재무제표에서 수익성이 낮다는 건 영업이익, 순이익 같은 숫자가 낮거나 적자가 계속된다는 뜻이야. 금융기관의 입장에서는 이 회사가 돈을 벌 능력이 부족한데, 빌려준 돈을 갚을 수 있을까 의문이 생길 수 있어. 예를 들어, 매출은 높아도 지출비용이 더 많아서 적자를 낸다면 대출을 갚을 수 없다고 판단할 가능성이 높아.

❷ 부채비율이 너무 높은 경우

부채비율은 회사의 부채(빌린 돈)가 자본에 비해 얼마나 많은지를 보여주는 비율이야. 보통 업종에 따라 부채비율이 200~300% 이상이면 금융기관은 상환 위험이 존재한다고 판단해. 금융기관의 입장에서 이 회사는 이미 빚이 많은데 더 빌려주면 갚기 어려울 것 같다는 걱정을 하게 돼.

◆ 부채비율=부채/자기자본×100%로 계산한다.

❸ 자본잠식 상태

재무제표에서 자본잠식이란 회사의 자산보다 부채가 많아서 자본이 마이너스가 된 상태를 말해. 이 상태에서는 회사가 재무적 위기에 있다고 볼 수 있어서 금융기관이 대출을 꺼리지. 금융기관은 회사의 자본이 이미 바닥나서 빌려줘도 돌려받기 어렵다고 판단해.

❹ 신용도와 연계된 문제

재무제표가 나쁘면 회사의 신용도에도 직접적인 영향을 미쳐. 신용도가 낮으면 대출 금리가 높아지거나 아예 대출이 거절될 수 있어. 신용도는 재무제표, 지급 이력, 체납 여부 같은 요소로 평가되는데, 재무제표가 나쁘면 전반적인 신뢰도가 떨어지게 돼.

결론적으로 금융기관은 돈을 빌려줬을 때 안전하게 돌려받을 수 있는지를 재무제표로 판단해. 재무제표가 나쁘면 회사의 신용과 안정성에 의문이 생겨 대출을 거부하거나 불리한 조건을 제시할 가능성이 높아. 따라서 금융기관으로부터 대출을 받기 위해서는 경영자의 재무제표를 개선하려는 노력이 필요해.

7장

투자 유치 단계에서의 핵심 전략

01

투자금을 유치할 때 어떤 준비를 해야 할까?

투자 유치, 기업가치

김대표 형, 회사의 성장을 위해 투자금을 유치하고 싶은데, 투자 유치를 위해 어떤 준비를 하면 좋을까?

세무형 우선 투자 유치를 통해 기업가치를 빠르게 끌어 올리고 상장까지 고려하고 있다면 투자 단계별 필요한 투자금과 투자 후 나의 지분율을 고려한 기업가치를 미리 정립해 놓는 것이 좋아. 그 후 목표 기업가치를 달성하기 위한 구체적인 재무지표(매출, 영업이익, 영업현금흐름 등)를 산출할 수 있고 이를 통해 설득력 있는 사업계획서를 작성할 수 있어.

사업은 진행하면서 수많은 변수들로 인해 처음에 계획한 대로 모든 것이 이루어지지는 않겠지만 회사의 목표가 있어야 기업가치에 대한 외부 투자자와의 협상에서 우위를 선점할 수 있어. 또한, 구체적인 후속 투자 유치 계획과 투자자 출구(Exit) 전략을 제시할 수 있어서 투자자의 신뢰도를 높일 수 있어.

투자 유치를 위해서는 IR, 투자실사 등의 과정을 거쳐야 해. 그 과정 중에 회사의 다양한 내부 정보(정관, 의사록 등 각종 규정, 재무제표 외 재무자료 등)를 제공해야 해. 따라서 투자 전 자체적인 사전 점검을 통해 투자자에게 제공이 예상되는 자료를 정리할 필요가 있어.

투자자들은 다양한 형식으로 투자를 하게 되는데 일부 시드(Seed) 단계의 보통주 투자를 제외하고는 상환전환우선주나 전환사채와 같은 복합금융상품 형태로 투자하는 게 일반적이야. 이때 주식이나 채권을 발행하는 데 제약이 없도록 정관을 수정하고 관련 내용이 일반적으로 등기부에 기재되어야 하는 내용이니 법무사를 통해 등기도 진행해야 해. 그리고 임원에 대한 상여를 포함한 보수 지급규정과 퇴직금 지급규정을 마련해 놓아야 투자 유치 후에도 보수 지급과 퇴직금 지급에 대한 투자자와의 마찰을 줄일 수 있어. 임원의 보수 한도는 상법상 주주총회를 통해 주주들이 정하게 되는데 그 한도 내에서 지급할 수 있는 구체적인 근거를 문서화해 놓아야 해.

재무제표는 회사의 얼굴이라고도 할 수 있기 때문에 외부 투자자에게 공개하기 전에 꼭 검토해야 해. 자산으로 장부에 올릴 수 있는데 비용처리된 것이 없는지, 재고는 실재 보유하고 있는 만큼 장부에 맞게 있는지, 채권과 채무가 잘 정리되어 있는지 등 재무제표 전반에 대한 검토를 수행할 필요가 있어.

◆ **연구개발과 관련된 인건비, 소모품비 등의 비용은 손익계산서상의 연구개발비로 계상하면 투자자에게 회사의 연구개발 노력을 더 직관적으로 보여줄 수 있으니 잊지 말고 꼭 챙겨야 한다.**

IR을 진행하려는데 사업계획서는 어떻게 만들어야 할까?

투자 유치, IR, 사업계획서

김대표 투자를 받고 싶은데, 어떻게 하면 투자를 받을 수 있을까? 뭐부터 준비해야 될까?

세무형 투자 유치를 위해서는 설득력 있는 사업계획서가 필수야. 사업계획서는 투자자들에게 내 사업이 성공 가능성이 높고 매력적이라는 걸 설득하는 문서야. 그래서 구체적이고 논리적이면서도 실현 가능성이 있어야 해. 사업계획서에 필요한 내용을 단계별로 살펴보자.

◆ 'IR(Investor Relations)'은 투자자들을 대상으로 하는 기업 설명으로, 홍보 활동을 통해 투자 유치를 원활하게 하는 활동을 의미한다.

❶ 수익 모델과 목표 매출 설정

사업계획서의 핵심은 돈을 어떻게 벌 것인지를 명확히 설명하는 거야. 내 제품이나 서비스가 어떤 방식으로 수익을 창출할지 구체적으로 설명해야 해. 예를 들어 구독형 모델인지, 제품 판매는 어떻게 진행할 것인지, 광고 수익은 어떻게 얻을 것인지 등의 설명이 여기에 해당돼. 그런 다음 시장 조사를 통해 현실적인 매출 목표를 설정해. 경쟁사의 매출 데이터를 참고하거나, 새로운 시장 기회를 분석해서 과거 매출 추세를 기반으로 예측하면 돼.

❷ 시장 조사와 경쟁 분석

투자자들은 내 사업이 시장에서 성공할 가능성이 있는지를 보고 싶어 해. 시장 조사를 통해 내가 진입하려는 시장의 크기, 해당 산업의 연평균 성장률, 잠재고객 수 등을 조사해야 해. 또한 주요 경쟁사의 강점과 약점을 분석하고, 내 사업이 어떤 차별점이 있는지 강조해야 해. 추가로, 새로운 시장 기회가 있으면 이를 구체적으로 제시하면 좋아.

❸ 매출액에 따른 원가 집계

목표매출에 따라 직접적으로 발생하는 비용으로, 예를 들어 재료비, 생산비 등을 과거 데이터를 참고해서 구체적으로 계산하고 향후 개선할 여지가 있다면 어떻게 개선할 것인지에 대한 계획도 포함해야 해. 또한, 판관비 등의 비용을 고정비와 변동비로 구분해서 매출과 사업계획에 따라 합리적으로 추정해야 해.

❹ 인력 계획과 투자 필요성

인력 계획은 사업 성장에 따라 필요한 인력을 구체적으로 세워야 해. 매출이 증가하면 몇 명의 영업사원이 추가로 필요한지, 생산량이 늘어나면 몇 명의 생산직이 필요한지 구체적으로 제시해야 해.

제조업이나 많은 시설투자가 부대되는 사업의 경우에는 투자계획이 매우 중요해. 매출 규모에 따라 필요한 설비나 장비를 예측하여 설비 투자 금액, 유지보수 비용 등을 포함해서 구체적인 투자 계획을 세워야 해.

위의 4가지 절차가 마무리되었다면 예측한 목표 매출과 비용 데이터를 기반으로 예상 손익계산서와 시장조사, 경쟁사 분석 등의 내용을 포함한 최종 사업계획서를 만들고 구체적으로 얼마의 투자금이 필요한지, 투자자들에게 받은 돈을 어디에 사용할지 정확히 설명해야 해. 예를 들어 투자금을 신제품 개발, 생산 설비 확충, 인력 고용, 마케팅 등에 사용하여 얼마나 매출과 이익이 증가할지를 예상 손익계산서로 보여줘. 추가적으로 투자자들에게 투자 후 투자금 대비 얼마나 수익을 낼 수 있는지를 명확히 제시하면 더 없이 훌륭한 사업계획서가 될 거야.

투자 실사 전에 임의감사를 받으면 도움이 될까?

투자 실사, 임의감사

김대표 형, 아는 대표님이 투자 실사를 하기 전에 임의감사를 받으면 도움이 될 거라고 하는데, 어때?

세무형 임의감사를 통해 재무제표 전반을 점검하고 우리 회사의 강점과 약점을 미리 파악할 수 있으니 분명 도움이 돼. 일반적으로 회사의 규모가 커지면 "주식회사 등의 외부감사에 관한 법률"에 따라 외부감사를 의무적으로 받아야 하고 감사보고서가 공시되는데, 법정감사대상이 아니더라도 회사의 필요에 따라 임의로 외부감사를 받아볼 수 있어. 그리고 투자를 받게 되면 보통 투자계약서에 외부감사 의무 조항을 넣는 경우가 많이 있기 때문에 감사를 받게 될 가능성이 높아.

일반적으로 회사가 감사를 받기 전에는 단순히 세무 신고 목적으로 재무제표를 작성하는 경우가 많아. 이 재무제표는 회계 기준이 정확히 반영된 재무제표라고 보긴 어려워. 그래서 나중에 회계감사를 받으면 재무제표가 수정되면서 예상했던 것과 큰 차이가 생길 수 있어. 이때 차이가 생기는 이유에는 두 가지가 있어.

❶ 수익과 비용 계산 방식 차이

예를 들어 매출과 비용을 총액 기준으로 계산했는데, 감사 결과 순액 기준으로 수정되어 매출액이 크게 줄어드는 경우가 있을 수 있어. 매출에서 거래 수수료를 빼고 계산해야 하는데, 이를 포함해서 작성한 경우가 그 예야.

❷ 발생주의 적용

세금 신고 목적의 재무제표는 실제 돈이 들어오고 나가는 기준(현금주의)으로 작성되기도 하는데, 회계감사에서는 발생주의가 적용돼. '발생주의'란, 돈의 실제 흐름과 상관없이 수익과 비용이 발생한 시점에 기록하는 방식이야.

예를 들어, 퇴직금 추계액이나 연차 관련 부채는 실제 발생하지 않은 비용이지만 회계적으로는 비용으로 반영해야 해. 또한, 수익 측면에서는 단순히 세금계산서 발행 시점이 아닌 실제 재화나 용역을 제공한 시점에 매출을 기록하기 때문에 생각하지 못했던 비용이 크게 반영되거나, 수익이 달라지는 경우가 생길 수 있어.

투자 유치 전, 임의감사가 유용한 이유는 투자 실사로 인해 재무제표가 갑자기 대폭 수정되면 투자자들이 보는 사업의 성과와 재무 상태에 대한 신뢰도에 영향을 줄 수 있는데, 이를 방지할 수 있기 때문이야. 그래서 본격적으로 투자 유치를 진행하기 전에 내 재무제표에 문제가 있는지 확인하기 위해 임의감사를 받아보거나 회계사의 조력을 받아 미리 재무제표를 수정해보는 것이 좋아.

AC, VC, 시리즈 ABC는 무슨 뜻일까?

엔젤투자자, 액셀러레이터(AC), 벤처캐피탈(VC)

김대표 어제 투자사와 미팅을 했는데 용어가 너무 어려웠어. AC는 뭐고, VC는 또 뭐야? 그리고 시리즈 ABC는 또 무슨 뜻이지?

세무형 흔히 스타트업 생태계에서 많이 사용하는 용어들이야. 스타트업에 투자하는 주체로는 엔젤투자자, 액셀러레이터(AC), 벤처캐피탈(VC)이 있어. 엔젤투자자는 회사의 초기 시드 단계에 투자하는 개인투자자야. 자본뿐만 아니라 경영, 비즈니스 네트워크, 멘토링 등 창업자에게 경험과 지식을 공유해 주는 굉장히 초기 단계의 투자자라고 할 수 있어. 액셀러레이터 또한 상대적으로 회사의 성장 초기 단계에 투자하여 교육 및 멘토링 프로그램을 제공하는 조직을 의미해. 반면, 벤처캐피탈은 회사의 성장 단계에서 앤젤투자자와도 액셀러레이터에 비해 상대적으로 대규모로 투자하고 자본 외에 경영에 깊이 관여하는 기관으로 이해하면 돼.

일반적으로 회사의 투자 단계를 시드, 시리즈 A, B, C 등으로 구분해. 초기 엔젤투자자 또는 액셀러레이터가 투자하는 단계는 일반적으로 투자금 10억 원 미만의 자금을 유치하게 돼. 이후의 시리즈별 각 라운드는 기업의 발전 단계, 자금 사용 목적, 투자 규모에 따라 구분돼.

시리즈 A	사업 확장을 위한 초기 성장 자금으로 사업 모델 검증 후 시장 확대와 사업 확장을 위한 단계로, 본격적으로 고객층을 늘리고 수익을 창출하는 단계.
투자자	벤처캐피탈(VC), 일부 전략적 투자자
투자 규모	10~50억 원 규모

시리즈 B	시리즈 A 단계에서 시장에서 자리를 잡았다면, 이제는 본격적으로 시장 점유율을 높이고 경쟁력을 높여 성장을 가속화하는 단계. 주로 기술 업그레이드, 대규모 생산 확대, 해외 시장 진출, 추가 인력 확충 등에 필요한 자금을 유치.
투자자	벤처캐피탈(중·대형), 전략적 투자자
투자 규모	50억 ~ 150억 원 규모

시리즈 C	이미 사업 모델이 안정적이고 수익을 창출 중인 기업이 더 큰 도약을 위해 자금을 유치하는 것으로 주로 M&A(인수합병), IPO, 신사업 진출, 글로벌 시장 확대 등에 필요한 자금을 유치하는 단계.
투자자	벤처캐피탈, 사모펀드(PE), 대기업, 은행 등
투자 규모	수백억 원 ~ 수천억 원대 이상

그리고 최근에 시리즈 D, E, F까지 이야기가 나오는데 이건 일반

적인 상황이기 보다는 추가 성장 가능성이 있어 추가적으로 자금을 더 유치하거나, 예상치 못한 자금 부족 문제를 해결하는 회사의 IPO 전 추가 투자 단계로 이해하면 돼. 우리나라의 스타트업은 M&A보다 IPO를 목표로 하는 경우가 많은데, IPO 전 회사의 상황에 따라 시리즈 투자의 횟수는 달라질 수 있어.

◆ 'IPO(Initial Public Offering)'란 우리말로 '기업공개'로, 외부 투자자가 공개적으로 주식을 살 수 있도록 비상장 기업이 정해진 절차에 따라 자사의 주식과 경영 내역을 시장에 공개하는 것이다.

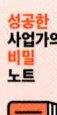

**시드 단계부터 투자 유치를 위해
큰 그림을 그리는 성공 전략**

　스타트업은 재무적 관점에서도 초기의 시드(Seed) 단계부터 IPO 단계까지 가는 큰 그림을 그릴 수 있어야 한다. 많은 스타트업의 경우 사업모델을 개발하고 시장에서 검증이 될 때까지의 시간을 버티기 위해 투자금이 필요하고, 투자자들은 투자금을 회수해야 하기 때문에 IPO를 목표로 달려간다. 창업 이후 꾸준히 투자를 받으면서 IPO까지 가다 보면 창업자의 회사 지분율이 점차 희석되어 내려가기 때문에 일반적으로 창업자는 70% 이상의 지분을 가지고 시작할 것을 권장한다. IPO 심사 시 최대주주가 지분을 최소한 20~30% 보유하고 있는 것이 유리하다. 70%에서 시작을 해도 IPO 전 투자 유치 과정에서 30% 이하로 지분율이 떨어지는 경우가 많기 때문이다. 사업 계획과 목표는 단계별로 숫자를 기반으로 구체적으로 작성해야 하고 각 단계에서 목표 투자 유치 금액과 투자자에게 내어줄 수 있는 지분율을 어느 정도 정해 두는 것이 좋다. 예를 들어 IPO까지 시드 투자, 시리즈 A, 시리즈 B, 시리즈 C 이렇게 총 4회 투자 유치가 사업계획상 필요하다고 하면 아래와 같이 각 단계별로 투자 유치 금액과 투자자에게 나뉘줄 지분율을 정하고 목표 기업가치를 산출할 수 있다.

구분	설립	시드 투자	시리즈A	시리즈B	시리즈C
창업자	70.00%	63.00%	50.40%	40.32%	32.26%
시드 투자자	-	10.00%	8.00%	6.40%	5.12%
A 투자자	-	-	20.00%	16.00%	12.80%
B 투자자	-	-	-	20.00%	16.00%
C 투자자	-	-	-	-	20.00%
기타주주	30.00%	27.00%	21.60%	17.28%	13.82%
합계	100.00%	100.00%	100.00%	100.00%	100.00%
기업가치	1억 원	50억 원	200억 원	500억 원	1000억 원
투자 금액	-	5억 원	40억 원	100억 원	200억 원

위 사례는 자본금 1억 원으로 설립된 회사가 IPO 이전에 기업가치 1천억 원을 달성하고 창업자 지분은 32%로 유지하여 IPO 심사를 받는 경우이다. 사업은 변수가 많아 언제든지 그 계획이 현실을 반영하여 유연하게 수정되어야 하겠지만 계속해서 큰 그림을 만들어 나가야 한다. 이때 경영진과 투자자들은 각 단계별로 구체적인 사업계획을 숫자로 확인할 수 있게 되고 투자자들 입장에서 언제, 얼마의 가치로 투자금을 회수할 수 있는지 알 수 있어 안정감을 줄 수 있다.

05

좋은 액셀러레이터(AC)를 찾는 방법은?

엑셀러레이터, TIPS 프로그램

김대표 우리 회사가 성장하는 데 정말 도움이 될만한 액셀러레이터는 어떻게 찾을 수 있을까?

세무형 좋은 액셀러레이터를 만나는 것도 회사 입장에서는 굉장히 복이지. 우선 액셀러레이터를 찾기 위해서는 액셀러레이터가 운영하는 프로그램에 지원하는 게 좋아. 주요 액셀러레이터들은 좋은 스타트업을 발굴하기 위해 정기적으로 스타트업을 위한 다양한 행사(데모데이, 네트워킹 이벤트 등)를 개최하고 있어. 웹사이트나 소셜 미디어 등에서 관련된 공고를 확인하고, 기회가 된다면 IR행사에 직접 참여해서 우리 회사를 홍보하는 것이 좋아.

 우리 회사에게 적합한 액셀러레이터를 찾으려면 각 액셀러레이터들의 투자 포트폴리오를 보고 어떤 스타트업에 주로 투자하고 성공시켰는지 확인해 보는 게 좋아. 액셀러레이터는 단순히 자금 투자만 하는 것이 아니라 멘토링을 통해 회사의 성장을 도울 수 있기 때문에 관련된 산업 경험과 분야별 네트워크가 얼마나 탄탄한지 살펴봐야 해. 자금 투자 외의 지원을 해 줄 수 있는 내용을 비교해 보고, 다른 창업자들의 평가 또는 시장의 평판을 확인해 보는 것이 좋아.

추가적으로 액셀러레이터 중에 TIPS 프로그램 운영사가 있어. 이들은 정부의 공식적인 지정을 받아 TIPS 프로그램을 운영하고 있어. TIPS 프로그램은 기술 아이템을 보유한 창업 스타트업을 민간 주도로 선발하여 미래 유망 창업 기업을 집중 육성하는 프로그램이야. TIPS 운영사로부터 투자를 받으면 운영사와 정부에서 R&D 지원금을 최대 10억 원까지 받을 수 있어. 따라서 R&D 중심의 스타트업이라면 TIPS 프로그램을 통해 다양한 지원을 받는 것이 매우 좋아.

06

프리밸류와 포스트밸류의 차이점은?

프리밸류, 포스트밸류

김대표 투자자가 우리 회사의 가치에 대해 이야기하는데 '포스트밸류'라는 말이 나왔어. 이게 정확히 무슨 뜻이야?

세무형 음. 투자자와 회사의 기업가치에 대해 이야기할 때 2가지 용어를 자주 들을 수 있어. 그게 프리밸류(Pre-Value)와 포스트밸류(Post-Value)야. 회사의 각 투자 단계에서 투자자와 협의된 기업가치에 따라 투자자와 창업자의 지분비율이 달라져. 기업가치가 높을수록 적은 지분을 투자자에게 제공하고 많은 투자금을 유치할 수 있으니 창업자의 지분율을 높게 유지할 수 있어. 반대로 기업가치가 낮으면 많은 지분을 투자자가 갖게 되고 투자자의 지분율이 높아져서 후에 경영권 방어가 어려울 수 있어. 그래서 회사의 기업가치를 얼마로 볼지는 회사와 투자자 모두에게 매우 중요한 일이야.

이때 프리밸류와 포스트밸류의 개념을 알아야 하는데, 투자자와의 원활한 소통을 위해서는 둘의 차이를 잘 알고 있어야 해. 먼저 프리밸류는 말 그대로 투자 받기 전의 기업가치를 말해. 예를 들어 프리밸류가 100억 원이라고 하면, 그건 투자금이 들어오기 전 현재 상태의 기업가치가 100억 원이라는 뜻이야. 여기서 만약 20억 원을 투자 받는다고 하면, 투자를 받은 후에는 기업가치가 120억 원이 되겠지? 이걸 포스트밸류라고 해. 즉, 투자금이 유치된 후의 가치를 말하는 거야.

투자자 입장에서 보면, 프리밸류 100억 원 회사에 20억 원을 투자했을 때 포스트밸류가 120억 원이므로 투자자는 16.67%의 지분을 받게 돼(20억 원÷120억 원). 그런데 만약 회사가 포스트밸류 기준 100억 원으로 평가받았다면 투자자의 지분율이 달라지게 돼. 포스트밸류 100억 원이라는 건 이미 투자금이 포함된 후의 가치를 의미하니, 투자 받기 전 회사의 가치는 80억 원인 셈이야(100억 원-20억 원). 이때 20억 원을 투자했다고 가정하면, 투자자는 20%의 지분을 받게 되는 거야(20억 원÷100억 원). 즉, 프리밸류 100억 원보다 포스트밸류 100억 원이 투자금만큼 낮게 평가됐기 때문에 투자자 입장에선 같은 돈을 투자하더라도 더 큰 지분을 가져가게 되는 거지.

정리하면, 동일한 20억 원을 투자 받는다고 해도 프리밸류가 100억 원일 때는 투자자의 지분율이 16.67%가 되고, 포스트밸류가 100억 원일 때는 투자자의 지분율이 20%가 되는 거야.

투자자들은 보통 투자 후의 기업가치인 포스트밸류로 투자 협상을 진행해. 그런데 회사는 이걸 프리밸류로 착각하는 경우가 종종 있어. 그러니까 앞으로 투자회사와 기업가치에 대해서 논의를 할 때는 프리밸류 기준인지 포스트밸류 기준인지 명확하게 이해하고 소통해야 본의 아니게 손해보는 일이 없을 거야.

초기 기업의 가치를 평가하는 방법은?
①멀티플 방식

기업가치평가, 멀티플 방식

김대표 투자자들이 우리 회사의 기업가치를 어떻게 평가하는 거야? 아직 회사의 이익이 크지 않은데 말이야.

세무형 투자자들은 대략적인 기업가치를 평가할 때 멀티플(Multiple) 방식을 많이 사용해. 전문 투자자들은 산업별, 업종별로 대략적인 멀티플 방식을 염두하고 있어. 멀티플 방식은 매출이나 영업이익 같은 재무 지표에 특정 배수(멀티플)를 적용해서 기업가치를 계산하는 방법이야. 예를 들어 유사 업종에서 다른 기업들이 보통 매출 대비 2배의 가치를 인정받고 있다면, 평가대상 회사도 동일하게 매출액의 2배로 기업가치를 추정하는 거야.

이 방식은 간단하고 빠르게 결과를 도출할 수 있다는 장점이 있어. 특히 꾸준한 이익이 나지 않는 초기 단계의 스타트업은 매출이나 영업이익, 심지어 서비스 이용자 수와 같은 지표를 통한 멀티플로 평가하기가 쉬워서 이 방법을 많이 써. 하지만 시장에서 유사 기업이 과소평가되고 있거나, 우리 회사만의 독보적인 기술이 있거나, 혹은 시장 우위를 선점하고 있다면 우리 회사의 가치가 낮게 평가될 수 있으니 주의해야 해.

결론적으로 멀티플 방식은 쉽고 효율적이지만 타 기업과 비교한 상대 가치를 통해 평가하는 방식이기 때문에 시장 상황을 잘 이해하고 적용하는 것이 중요해. 미래 성장 가능성이나 회사가 차별적으로 보유하고 있는 특수성을 함께 고려해서 평가 금액이 적절한지 스스로도 검토해 봐야 해.

멀티플 방식 적용이 어려운 기업이라면?
②세이프투자

기업가치 평가, 세이프 투자

김대표 그럼에도 불구하고 멀티플 방식도 적용이 어려운 회사도 있지 않아? 그런 경우에는 어떻게 해?

세무형 초기 회사의 경우 기업가치를 산정하는 게 정말 어려워. 그래서 미국에서는 새로운 투자방식인 세이프(SAFE) 방식의 투자를 많이 하고 있어. 최근에는 우리나라에도 많이 도입되고 있어.

세이프(SAFE, Simple Agreement for Future Equity) 투자는 아직 사업모델이 시장에서 검증되지 않았거나 재무 지표가 안정적으로 나오지 않아 기업 가치평가가 어려운 경우 조건부지분인수계약 형태로 진행하는 거야. 이 조건부지분인수계약인 세이프는 기업가치 평가를 생략하고 투자 먼저 진행한 후, 회사가 후속 투자를 받았을 때 후속 투자의 기업가치를 지표로 하여 적절한 기업가치로 지분을 인수하는 방식이야.

세이프 투자자는 후속 투자자에 비해 더 많은 위험을 부담하면서 초기에 들어왔기 때문에 후속 투자자에 비해 주식을 더 저렴한 단가로 인수하는 조건을 걸어. 이러한 조건을 만족시키기 위해 밸류에이션 캡(Valuation cap)과 할인율(Discount rate)을 사전에 약정해두는 것이 일반적이야.

'밸류에이션 캡(Valuation cap)'은 세이프 투자자의 지분 인수를 위한 기업가치 상한선을 설정하는 거야. 후속 투자 시 기업가치(Pre-value)가 밸류에이션 캡을 크게 상회한다 하더라도 세이프 투자자가 인정하는 기업가치의 한계를 정해둔 거야. '할인율(Discount rate)'은 후속 투자자가 투자한 기업가치에서 얼마나 할인하여 지분을 인수할지를 결정해 놓은 거야.

예를 들어, 세이프 투자자의 약정된 밸류에이션 캡이 50억 원이고, 할인율이 30%라고 가정해 보자. 후속 투자자가 기업가치 100억 원으로 투자했다면 100억 원의 30% 할인 금액인 70억 원은 세이프 투자자의 밸류에이션 캡인 50억 원을 상회하기 때문에 50억 원의 기업가치로 지분을 인수하게 돼. 반면, 후속 투자자의 투자 기업가치가 60억 원이라면 60억 원의 30% 할인 금액인 42억 원은 밸류에이션 캡을 하회하므로 42억 원의 기업가치로 지분을 인수하게 되는 거지.

09

투자실사는
어떻게 준비해야 할까?

법률실사, 재무실사

김대표 투자사에서 투자실사를 진행하겠다고 하는데 어떻게 준비해야 할까?

세무형 '실사(Due Diligence)'는 투자자 또는 기업 인수자가 투자 또는 인수 결정을 하기 전에 기업의 상태를 확인하는 과정이야. 기업에서 제공한 정보가 정확한지, 잠재적인 법률 또는 재무 리스크가 있는지 미리 파악하는 절차로 이해하면 돼.

보통 법률실사와 재무실사를 함께 진행하는 경우가 많아. 법률실사에서는 회사의 계약서, 지적재산권, 소송 이슈 등을 검토해. 재무실사에서는 재무제표가 적절한지, 부외부채는 없는지, 특수관계자와의 거래여부 등을 검토해. 실사가 끝나면 결과를 바탕으로 투자자나 인수자는 계약 조건을 재조정하거나, 투자 및 인수 의사를 철회할 수도 있기 때문에 실사는 미리 대비할 필요가 있어.

실사에 대비를 잘 하려면 실사 시 제공되는 서류를 미리 준비해 두어야 하는데, 실사 시 요청을 받는 주요 자료는 다음과 같아.

❶ 재무 자료

- 최근 3~5년간의 재무제표(재무상태표 및 손익계산서)
- 주요 계약(매출, 비용, 리스, 대출 등)에 대한 계약서 등 명세
- 세무 자료(법인세 신고서, 부가세 신고서, 원천세 자료 등)
- 주요 자산 및 부채의 내역
- 거래 내역 및 주요 거래처 정보

❷ 법률 및 계약 관련 자료

- 법적 구조(사업자등록증, 법인 등기부등본, 정관 및 각종 규정집)
- 주요 계약서(파트너십 계약, 공급 계약, 고용 계약 등)
- 특허, 상표권, 지적재산권 자료
- 소송 또는 분쟁 현황
- 운영 및 HR 관련 자료
- 조직도 및 주요 인사 정보
- 인사 정책 및 복리후생 현황
- 주요 운영 절차 및 매뉴얼
- KPI(Key Performance Indicator) 데이터

❸ 기술 및 제품 자료

- 제품 포트폴리오 및 서비스 제공 현황
- 연구개발(R&D) 결과 및 향후 계획
- 기술적 차별화 요소
- IT 시스템 및 데이터 보안 상태

실사자에게 해당 자료를 제공하기 전에 사전에 검토하고 법적 이슈나 재무 이슈를 식별해서 해결책을 미리 마련해 놓는 것이 도움이 돼. 실사 과정에서 이슈가 발견되었을 때는 감추려고 하기보다는 오히려 솔직하게 설명하고 함께 해결 방안을 찾아나가는 것이 좋아.

10

투자 형태 RCPS가 무슨 의미일까?

보통주, 우선주, RCPS, 전환사채

김대표 우리 회사에 투자를 하기로 했는데 RCPS로 투자를 한다고 하네. RCPS가 뭐야?

세무형 우선 투자의 형태에 대한 이해를 해야 해. 일반적으로 투자는 크게 지분투자와 채권투자로 나눌 수 있어. 보통은 지분에 투자를 하지만 기관투자자들의 시리즈 투자 시 상황에 따라 채권 형태로 투자하는 경우도 있어.

주식은 보통주와 우선주가 있는데 보통주는 주주총회에서 의결권을 행사할 수 있어서 회사 경영에 참여할 수 있지만, 배당은 우선주보다 후순위로 받게 돼. 반대로 우선주는 의결권에 제한이 있을 수 있지만, 배당을 보통주보다 먼저 받거나 더 높은 배당을 받을 수 있는 권리가 있고, 회사가 청산하는 경우에도 우선주는 남은 재산을 보통주보다 먼저 받을 수 있어. 쉽게 생각하면, 보통주는 주주로서 회사의 의사결정에 좀 더 적극적으로 참여 가능하고, 우선주는 주주권 행사보다는 안정적으로 배당을 받는 것에 더 우선한 주식이라고 할 수 있어.

우리나라의 스타트업 투자는 대부분 우선주 중에서도 상환권과 전환권이 포함된 상환전환우선주(RCPS, Redeemable Convertible Preferred Stock) 형태로 이루어져. 상환권은 말 그대로 주식이지만 상황에 따라 채권처럼 상환을 요구할 수 있는 권리야. 전환권은 우선주를 보통주로 전환할 수 있는 권리이지.

반면에 주식이 아닌 채권 형태로 투자가 이루어지는 경우도 있어. 회사가 투자자에게 일반적인 채권을 발행하여 투자금을 받은 경우 기본적으로 은행 대출과 동일하게 원리금 상환 의무가 발생해.

일반적인 채권에 더하여 전환사채는 투자자의 선택에 따라 채권을 주식으로 전환할 수 있는 권리를 주는 거야. 신주인수권부사채는 투자자의 선택에 따라 신주를 인수할 수 있는 권리를 주는 것으로, 투자자가 채권의 형태로 투자를 하지만 회사의 기업가치가 상승하면 채권을 주식으로 전환하거나 신주인수권을 행사하여 지분 참여를 할 수 있도록 하는 장치야.

상환전환우선주와 전환사채, 신주인수권부사채처럼 주식의 성격과 채권의 성격이 모두 포함되어 있는 금융 상품을 회계적으로는 복합금융상품이라고 표현해.

11

투자계약서 작성 시 주의해야 할 점은?

투자계약서

김대표 형, 나 투자 받기로 결정됐어! 이제 투자계약서만 작성하면 되는데, 주의해야 할 점에는 무엇이 있을까?

세무형 오, 축하해! 멋지게 성장하는 모습을 보니 내가 다 뿌듯한 걸!

일반적으로 투자계약서를 본격적으로 작성하기 전에 먼저 여러 가지 계약 조건을 정리한 텀시트(Term Sheet)를 사전에 주고받으면서 협의해. 이 텀시트를 바탕으로 투자계약서를 작성하거든. 아무래도 초기 회사나 스타트업에 투자하는 투자자 입장에서는 회사를 이끌어가는 사람과 사업 아이템 그리고 시장 기회를 보고 투자를 하는 것이기 때문에 다양한 계약 조건을 제시하게 돼.

계약 조건을 정할 때 현실적으로 투자 받는 회사와 투자자 중 아쉬운 쪽에서 양보를 하지. 단순히 자금을 받는 것에만 집중하기보다는 회사의 장기적인 성장과 경영권을 지키면서도 후속 투자 가능성을 고려해 균형 있는 조건을 설정하는 게 정말 중요해. 계약서 작성 시 꼭 챙겨야 할 주요 내용과 보편적으로 체결되는 계약 조건들에 대해 알아볼까?

❶ 배당과 청산 시 우선권

투자자는 배당이나 회사가 청산될 때의 잔여 재산을 먼저 분배 받을 수 있는 권리를 요구할 수 있어. 배당은 세부적으로 참가적, 비참가적 그리고 누적적, 비누적적 조건으로 구분할 수 있어. 참가적 배당조건은 우선주 주주에 대해 약정된 배당을 먼저 지급하고 남는 이익이 있을 때 추가로 배당을 지급해. 누적적 배당 조건은 회사의 손실이나 배당가능이익이 없어서 배당을 지급하지 못할 때 약정된 금액을 적립하고 추후 배당가능이익이 존재할 때 지급해. 이때 우선순위나 비율(예를 들어, 원금+이익)을 명확히 설정해야 하고, 너무 과도하게 투자자에게 유리하지 않은 조건인지 검토해야 해.

❷ 의결권

상환전환우선주는 보통 1주당 1의결권을 가지는 경우가 많아. 하지만 의결권이 없다면 투자자는 대신 주요 의사결정에 동의권을 요구할 수도 있어. 의결권을 부여하되, 창업자가 경영권을 잃지 않도록 중요한 결정에 대한 최종 권한을 신중히 조율하는 게 좋아.

❸ 상환권과 전환권

상환권은 일정 시점 이후 투자자가 회사에 투자금을 돌려달라고 요구할 수 있는 권리야. 회사의 자금 상황에 부담이 되지 않는 수준으로 설정해야 해. 전환권은 투자자가 보유한 우선주를 보통주로 전환할 수 있는 권리야. 전환 조건을 명확히 하고 회사 가치가 낮을 때 무분별하게 전환되지 않도록 제한을 두는 것도 고려할 수 있어.

❹ 이사 선임 권한

투자자가 경영 안정성을 확보하기 위해 이사 선임권을 요구할 수 있어. 그러나 창업자가 주요 의사결정에서 소외되지 않도록 투자자와 창업자 간 균형 있는 경영권 구조를 유지하는 게 중요하지.

❺ 창업자 주식 처분 제한

창업자가 일정 기간 동안 본인의 주식을 매각하지 못하도록 제한하는 조항이 일반적으로 포함돼. 이건 투자자 입장에서 회사를 안정적으로 운영하려는 목적이 있어. 하지만 제한 기간이 너무 길거나 과도한 조건이 붙지 않도록 협의하는 게 필요해.

❻ 드래그-얼롱 권리(Drag-Along Rights)

대주주가 회사를 매각할 경우, 소수 주주도 동일한 조건으로 주식을 매도하는 권리야. 창업자가 회사를 매각할 때 투자자의 협조를 얻기 위해 필요할 수 있지만, 투자자가 드래그-얼롱 권리를 남용해 창업자 의사와 무관하게 매각을 강요하지 않도록 제한 장치를 두는 게 좋아.

❼ 태그-얼롱 권리(Tag-Along Rights)

소수 주주가 대주주와 동일한 조건으로 주식을 매각할 수 있는 권리야. 투자자의 권리를 보호하기 위한 장치지만 창업자 입장에서는 큰 부담이 되지 않으므로 상대적으로 수용하기 쉬운 조건이야.

❽ 우선매수권(ROFR, Right of First Refusal)

기존 주주(특히 투자자)가 새로운 주주보다 먼저 주식을 매수할 수 있는 권리야. 투자자가 자신의 지분율을 유지하기 위한 조건이지만, 지나치게 제한적이지 않다면 보통 무난히 수용할 수 있어.

❾ 우선청약권(Preemptive Rights)

회사가 신규 주식을 발행할 때 기존 투자자가 우선적으로 매수할 수 있는 권리야. 투자자 지분 희석을 방지하면서도 창업자 입장에서 큰 부담이 되지 않는 조건이야.

이외에도 다양한 약정이나 제한이 투자계약서에 존재할 수 있어 창업자와 투자자 모두가 윈-윈할 수 있는 균형 잡힌 조건을 설정하는 게 가장 중요해. 투자자가 요구하는 조건이 적당한 수준인지, 회사의 장기적 성장에 걸림돌이 되지 않을지를 항상 염두에 두고 계약을 체결하길 추천해.

8장

외부감사
준비와
대응 방법

01

외부감사대상 선정 기준은 무엇일까?

외부감사대상, 외부감사인

김대표: 형, 왜 우리 회사가 외부감사대상이 된 거야?

세무형: 외부감사대상이 되었다는 건 회사가 상당한 규모로 성장했다는 것을 의미해. 외부감사대상은 '주식회사 등의 외부감사에 관한 법률'에서 정의하고 있어. 주식회사의 외부감사 대상은 다음과 같아. 아래의 3가지 요건 중 1가지에 해당된다면 해당 연도의 4월 말까지 외부감사인을 선임해야 해.

1. 직전 사업연도 말의 자산총액이 500억 원 이상인 회사
2. 직전 사업연도의 매출액이 500억 원 이상인 회사
3. 다음 4가지 사항 중 2개 이상에 해당하는 회사
    ① 직전 사업연도 말의 자산총액이 120억 원 이상
    ② 직전 사업연도 말의 부채총액이 70억 원 이상
    ③ 직전 사업연도의 매출액이 100억 원 이상

④ 직전 사업연도 말의 종업원이 100명 이상

반면, 유한회사의 경우는 조금 달라. 유한회사의 외부감사대상은 다음과 같아. 유한회사도 동일하게 아래의 3가지 요건 중 1가지에 해당된다면 해당 연도의 4월 말까지 외부감사인을 선임해야 해.

1. 직전 사업연도 말의 자산총액이 500억 원 이상인 회사
2. 직전 사업연도의 매출액이 500억 원 이상인 회사
3. 다음 5가지 사항 중 3개 이상에 해당되는 회사
   ① 직전 사업연도 말의 자산총액이 120억 원 이상
   ② 직전 사업연도 말의 부채총액이 70억 원 이상
   ③ 직전 사업연도의 매출액이 100억 원 이상
   ④ 직전 사업연도 말의 종업원이 100명 이상
   ⑤ 직전 사업연도 말의 사원(정관상 사원)이 50명 이상

02

외부감사는 어떻게 준비해야 할까?

외부감사, 결산조정사항, 결산 회계정책

김대표 그럼 우리 회사는 어떤 준비를 해야 해?

세무형 우선 외부감사에 대해 이해할 필요가 있어. 기존에는 아무래도 회계기준보다는 세법에 따라 회계처리를 했을 거야. 혹은 세무사가 제대로 관리를 하지 않았으면 전표처리가 제대로 되지 않아서 계정명세서가 엉망인 '물장부'인 경우도 많아. 외부회계감사를 준비할 때 아래에 정리한 3단계를 차례대로 따르면 좋아.

| Step 1 | 기존 재무제표와 기록 점검
- 기존 재무제표와 전표 기록을 점검한다.
- 계정별 명세서가 실제 금액과 일치하는지 여부를 확인한다.
- 음(-)의 거래처 잔액 등 오류를 정리한다.

| Step 2 | 결산조정사항 확인(세법에서는 요구하지 않지만, 회계 기준에

따라 반드시 반영해야 할 항목)

- 발생주의 매출, 매입 인식 : 실질적인 매출, 매입 시점 기준으로 기록한다.
- 채권이나 재고 등의 평가 : 채권의 회수 가능성, 재고의 순실현가치를 반영한다.
- 유/무형 자산 감가상각 : 자산 가치의 감소를 반영한다.
- 퇴직급여충당부채 설정 : 실질적인 퇴직금을 대비한 부채를 설정한다.
- 유급연차부채 설정 : 미사용 연차휴가에 대한 부채를 기록한다.
- 외화자산부채 환산 : 외화자산부채를 적정 환율을 반영하여 기록한다.

| **Step3** | 결산 회계정책 문서화

- 회사의 결산 회계 정책을 체계적으로 문서화한다.
- 주요 계약서, 증빙자료, 세금 신고 내역 등을 정리하여 전자적 방식 또는 서면 방식으로 준비한다.

위 절차를 통해 기존의 회계자료를 정리하고 회계기준에 따른 결산조정사항을 충분히 반영한다면 원활하게 회계감사를 받을 수 있어.

03

외부감사는 어떻게 선임하는 것이 좋을까?

외부감사인, 감사 비용

김대표 감사인 선임은 어떻게 하는 게 좋아? 형이 추천해 줄 수 있어?

세무형 외부감사인을 선임하는 건 회사의 신뢰도를 높이고 재무 상태를 제대로 관리하기 위해 중요한 일이야. 이런 과정에서는 업계에서 추천을 받거나 주변에서 검증된 사람을 찾는 게 좋아. 어떤 성향을 가진 사람인지 미리 알면 함께 일할 때 예기치 못한 문제를 줄일 수 있기 때문이지.

또, 외부감사인이 우리 업계에 대해 잘 아는지도 꼭 봐야 해. 산업을 잘 모르면 중요한 포인트는 놓치고 엉뚱한 데만 신경 쓸 수 있기 때문이야. 경험이 많은 감사인은 회사 상황에 맞는 방향을 잘 잡아줘서 더 효율적으로 일을 진행할 수 있어.

그리고 감사 비용도 신중히 생각해야 해. 너무 저렴한 곳은 단가 문제로 충분한 노력을 기울이지 않거나 나중에 문제가 생길 가능성이 있어. 특히 상장을 준비 중이라면 지정감사 때 전임 감사인의 신뢰성에 대해 괜히 트집 잡힐 수도 있으니까 이런 점도 미리 염두에 두는 게 중요해.

결국 감사인은 단순히 형식적인 업무를 보는 사람이 아니라 회사의 미래를 함께 만들어가는 파트너라고 생각하면 돼. 이런 부분들을 잘 이해하고 정말 믿을 수 있는 사람을 선택하는 게 중요해.

주변에서 감사인을 추천받고 싶다면 이미 외부감사를 받고 있는 다른 대표에게 추천을 받거나, 가까운 회계사가 있다면 이들에게 추천을 받는 게 좋아. 이미 감사인의 성향을 정확히 파악하고 있기 때문에 우리와 성향이 잘 맞는 감사인을 추천받을 수 있지. 반면에 세무사는 직접적으로 감사를 받는 경우가 없고, 추천하는 감사인과 업무를 해본 경험이 없어서 세무사에게 감사인을 추천을 받는 것은 다소 주의해야 할 필요가 있으니 참고해.

04

'감사인등록제'란?

감사인등록제, 회계 투명성

김대표 상장을 하려면 감사인등록제 법인에 미리 감사를 받는 게 좋다고 해. 감사인등록제에 대해 설명해 줄 수 있을까?

세무형 감사인등록제는 상장회사에 대한 외부감사를 수행할 수 있는 회계법인을 금융감독원에서 일정한 기준을 가지고 등록하도록 하는 제도야. 회계법인도 상장회사에 대한 외부감사를 수행할 수 있도록 등록된 법인이거든. 이 제도는 감사 품질을 높이고, 회계 투명성을 강화하려는 목적으로 도입됐어. 감사인등록제의 주요 요건과 장점을 설명할게.

❶ 등록 기준 충족

회계법인이 상장회사 외부감사를 하기 위해서는 일정한 자격 요건을 충족해야 해. 주로 인력 규모, 품질 관리 시스템 등이 포함되지. 이는 감사 품질을 보장하고 회계법인이 감사를 제대로 수행할 능력이 있는지 검증하는 과정이야.

❷ 감사 품질 관리

등록된 회계법인은 주기적으로 감사 품질 관리 점검을 받아. 만약 기준을 충족하지 못하면 등록이 취소되거나 개선 명령을 받기도 해. 이 제도를 통해 부실감사나 품질 저하를 예방할 수 있어.

❸ 투명성 확보

결국 감사인등록제는 회계 투명성을 높여 투자자와 이해관계자들이 기업 정보를 신뢰할 수 있게 하는 데 목적이 있어. 등록된 감사인을 통해 외부감사가 이루어지면 기업 재무 상태나 회계정보가 보다 공정하고 정확하게 공개될 가능성이 커져.

감사인등록제에 등록된 법인을 표로 정리했으니 참고해.

연번	주권상장법인 감사인 등록번호	회계법인명	회계법인 등록번호	연번	주권상장법인 감사인 등록번호	회계법인명	회계법인 등록번호
1	제1호	한영	제34호	11	제11호	우리	제106호
2	제2호	신우	제101호	12	제12호	대성삼경	제111호
3	제3호	대주	제87호	13	제13호	성현	제120호
4	제4호	삼일	제8호	14	제14호	도원	제116호
5	제5호	신한	제2호	15	제15호	이촌	제133호
6	제6호	안진	제61호	16	제16호	다산	제100호
7	제7호	삼정	제83호	17	제17호	예일	제177호
8	제8호	한울	제157호	18	제18호	태성	제195호
9	제9호	서현	제117호	19	제19호	안경	제233호
10	제10호	삼덕	제25호	20	제20호	인덕	제97호

연번	주권상장법인 감사인 등록번호	회계법인명	회계법인 등록번호	연번	주권상장법인 감사인 등록번호	회계법인명	회계법인 등록번호
21	제22호	동성	제184호	31	제32호	현대	제180호
22	제23호	서우	제237호	32	제33호	예지	제200호
23	제24호	대현	제141호	33	제34호	삼도	제246호
24	제25호	선일	제281호	34	제35호	선진	제114호
25	제26호	정동	제156호	35	제36호	리안	제178호
26	제27호	이정	제128호	36	제37호	동현	제231호
27	제28호	정진세림	제140호	37	제38호	정인	제283호
28	제29호	한미	제153호	38	제39호	한길	제109호
29	제30호	광교	제159호	39	제40호	태일	제201호
30	제31호	삼화	제112호	40	제41호	보현	제297호

주권상장법인 감사인 등록 현황 ('24.10.1. 기준) (출처: 금융감독원 홈페이지 https://www.fss.or.kr)

외부감사인이
왜 2번이나 오는 걸까?

중간감사, 기말감사

김대표 외부감사인이 10월에 중간감사를 한 번 나오고 나중에 기말감사를 또 온대! 감사를 왜 2번이나 나오는 거야?

세무형 중간감사는 회계연도의 절반 이상이 경과되었을 때 회사의 내부 통제에 대한 설계와 운영을 평가하고 재무제표가 정확하게 기록되고 있는지를 미리 확인해서 기말감사를 수행하는 범위와 시기를 결정하는 과정이야. 기말감사보다 강도는 낮다고 할 수 있어. 주로 인터뷰와 샘플링을 통해 통제의 적정성을 확인하고 기말감사의 업무 범위를 결정해. 조기에 이슈를 파악하고 기말감사를 대비하는 데 주목적이 있어.

기말감사는 회계연도가 종료된 후 작성된 재무제표를 감사하기 위한 과정으로 '본 감사'라고도 해. 재무제표의 주요계정에 대한 보다 실제적인 절차(인터뷰, 증빙확인 등)가 이뤄지기 때문에 요구되는 자료도 많아. 회사 전반에 대한 계속기업가정의 평가, 현금흐름 창출 단위 손상검사도 수행하고, 최종적으로 감사인이 감사보고서의 감사의견을 결정하게 돼. 감사의견은 적정의견, 한정의견, 부적정의견, 의견거절의 4가지로 나뉘고 각각의 의미는 다음과 같아.

적정의견	가장 긍정적	기업의 재무제표가 회계 기준에 따라 공정하게 작성되었으며, 중요한 왜곡이나 오류가 없다는 것을 확인
한정의견	중요한 오류가 있지만 그 범위가 제한적	재무제표의 대부분은 적절하게 작성되었으나, 특정 부분에서 회계 처리에 문제가 있거나, 특정 항목에서 중요한 정보가 누락된 경우에 표명되는 의견
부적정의견	가장 심각	재무제표가 회계 기준에 따라 작성되지 않았으며, 중대한 오류나 왜곡이 있어 재무제표 전체를 신뢰할 수 없다는 의견
의견거절	의견 판단 불가	감사를 진행하는 데 필요한 충분한 정보를 얻지 못해, 재무제표에 대해 의견을 표명할 수 없음

재고실사 준비는
어떻게 해야 할까?

재고실사, 재고리스트

김대표 재고실사 준비는 어떻게 해?

세무형 재고실사는 회계감사 절차 중에서도 핵심적인 부분이야. 만약 재고실사 과정에서 문제가 발견되면 감사 의견이 '적정'으로 나오기 어렵기 때문에 철저히 준비하는 게 중요해.

우선 회사 내부적으로 분기별 또는 반기별로 자체 재고실사를 진행하는 게 좋아. 이 과정에서 재고 장부와 실제 재고가 다르다면 그 원인을 철저히 파악해야 해. 이런 점검을 통해 잠재적인 오류를 줄이고, 나중에 감사인의 재고실사 입회 시 차이가 발견될 위험을 최소화할 수 있어. 만약 재고를 3PL(제3자 물류) 업체에 보관하고 있다면 재고 분실이나 손해에 대한 관리는 해당 업체가 책임져. 이런 경우에는 감사 과정에서 의견 변형의 위험은 상대적으로 낮아지는 편이야. 그래도 3PL 업체와 관련된 계약 내용이나 관리 프로세스를 명확히 해두는 게 좋아.

감사인이 재고실사에 입회할 때는 재고리스트를 기반으로 재고를 샘플링해서 실사를 진행하게 돼. 이때 감사인에게 제공할 재고리스트는 현장 재고의 위치, 박스나 팔렛 상태 등을 고려해 최대한 쉽게 세기 좋은 방식으로 정리하는 게 중요해. 이렇게 하면 감사인이 효율적으로 실사 업무를 수행할 수 있고, 불필요한 시간 낭비를 줄일 수 있어.

결론적으로 회사 내부에서 재고 관리와 실사 프로세스를 체계적으로 준비하고, 감사인이 실사를 원활히 진행할 수 있도록 돕는 게 감사의견 적정을 받는 데 큰 도움이 돼.

07

초도감사에서
한정의견을 받은 이유는?

초도감사, 한정의견, 기초재고

김대표 형, 초도감사를 받았는데 감사인이 적정의견은 못 준대. 당연히 적정의견일 줄 알았는데 왜 한정의견을 준 거야?

세무형 아, 그건 아마도 기초 재고실사를 못해서 그랬을 가능성이 높아. 회계감사에서 재고실사가 중요한 이유는 단순히 기말 재무상태표만 보는 게 아니라, 손익계산서와 관련된 매출원가의 신뢰성을 확보하는 데 있어서 재고자산이 핵심적인 요소이기 때문이거든. 특히 기초재고자산의 적정성을 확인하지 못하면 매출원가를 정확히 계산할 수 없어서 손익계산서의 신뢰도가 떨어져.

최초 감사인을 보통 4월쯤에 선임하는데, 그 시점에는 이미 연초의 기초재고에 대한 재고실사 입회를 할 기회가 사라져. 이 때문에 감사인이 기초재고를 확인할 방법이 없어지고, 자연히 매출원가와 손익에 대한 확신도 어려워지지. 이런 상황에서는 재무제표에 대한 신뢰성이 낮아지기 때문에 초도감사에서 한정의견을 받을 가능성이 높아.

만약 한정의견을 피하고 싶다면, 외부감사를 받기 전년도에 임의감사를 받는 방법이 있어. 임의감사를 통해 전년도 재무제표에 대한 감사 의견을 미리 확보해 두면, 외부감사 첫해에도 적정의견을 받을 가능성이 높아져. 이는 회사의 신뢰도를 높이는 데 큰 도움이 돼.

결론적으로, 재고자산이 중요한 회사라면 초도감사에서 한정의견을 피하기 위해 사전에 임의감사를 받아서 기초재고를 명확히 해두는 게 가장 효율적인 전략이야.

8장

성장한 기업의
주식 상장
준비

주식 상장 준비 과정은
어떻게 될까?

재무제표, 외부감사, 지배구조, 지분율

김대표 이제 본격적으로 상장 준비를 하려고 해. 상장 준비 방법은 어떻게 돼?

세무형 기업의 상장 과정은 꽤 복잡해서 준비해야 할 것들이 많아. 일반적으로 회사가 상장하기 위해 준비해야 할 것들을 살펴볼까?

❶ 재무제표 준비 및 외부감사

우선 상장을 하려면 재무제표를 상장사 기준에 맞게 준비하고 최소 과거 2~3년간의 재무제표는 외부감사를 받아야 해. 상장회사가 아닌 회사는 일반기업회계기준(K-GAAP)으로 회계처리를 하고 있지만, 상장회사는 한국채택국제회계기준(K-IFRS)으로 재무제표를 작성해야 하기 때문에 회계 정책을 상장사 기준에 맞춰서 외부감사를 받아야 해.

◆ 상장을 위한 지정감사를 받기 전에 최소한 감사인등록제법인에서 외부감사를 받아야 재무제표의 신뢰성과 투명성이 확보되니 상장회사 감사인으로 등록된 회계법인에게 외부감사를 받도록 한다.

❷ 내부회계관리제도 구축

상장회사는 재무보고의 정확성과 신뢰성을 보장하기 위해 내부회계관리제도를 필수로 구축해야 해. 재무제표가 올바르게 기록되기 위해서는 회계와 관련된 통제 활동이 적절히 구축되어 있어야 하고, 효과적으로 운영되어야 해. 이를 통해 재무제표를 만드는 과정 전반에 대한 신뢰성을 높일 수 있기 때문이지.

❸ 기업의 지배구조 및 지분율 정리

상장회사로서 투명한 지배구조와 경영권 방어를 위한 지분율은 매우 중요해. 우선 투명한 지배구조를 유지하기 위해 이사회 구성, 감사위원회 설치 등 회사에 필수적인 지배구조를 구성하여야 하고, 지분율이 불필요하게 분산되어 있거나 차명주식이 있다면 사전에 정리해서 탄탄한 경영권 확보를 해 두는 것이 좋아.

❹ 성장 전략 및 사업계획서 작성

상장준비 과정에서 회사의 향후 성장 전략과 비전을 투자자에게 어필하는 것은 매우 필수적이야. 상장을 통해 확보된 자금을 어떻게 이용할 것인지에 대해서도 구체적으로 고민해서 투자자들에게 신뢰를 줄 수 있는 계획을 마련해야 해.

❹ **주관사 선정 및 상장 심사 준비**

상장은 회사 혼자서 준비하기가 불가능하기 때문에 상장을 도와줄 주관사를 선정해서 도움을 받아야 해. 그리고 주관사와 함께 상장 심사에 필요한 서류 등을 준비하는 과정을 거쳐 상장 준비를 본격화하게 돼.

02

상장 방법에도
여러 가지가 있을까?

상장예비심사요건, 상장트랙

김대표 이번에 거래처 대표님은 기술특례상장으로 쉽게 주식 상장을 할 수 있었대. 상장에도 여러 가지 방법이 있는 거야?

세무형 응, 상장 방법에도 여러 가지가 존재해. 우선 상장 심사요건에 대해 알아야 해. 코스닥 시장 상장을 위한 심사요건은 크게 외형요건과 질적요건으로 나뉘어. 질적요건은 기업의 계속성, 경영 투명성, 경영 안정성, 투자자 보호 등에 대한 종합적인 판단이라면, 외형요건은 예비심사를 신청할 자격을 갖추었는지 기본적인 자격을 심사하는 것이라고 보면 돼. 예를 들면 주주의 수나, 주식발행 형태, 대주주 지분율, 감사의견, 그리고 재무제표와 시가총액 등의 구체적인 숫자에 대해 심사하는 거야.

기술특례상장은 외형요건에 대한 트랙으로 코스닥 시장에만 존재해. 반면, 코스피 시장은 기업의 경영성과를 매우 중요하게 보기 때문에 매출 규모가 작거나, 시가총액이 작은 회사들은 코스피 시장 상장은 어려워.

코스닥 상장예비심사의 4가지 트랙과 주요 외형요건은 다음과 같아.

구분	일반기업(벤처 포함)		기술성장기업	
	이익실현트랙 (수익성, 매출액 기준)	이익미실현트랙 (시장평가, 성장성 기준)	혁신기술트랙 (기술평가 특례)	사업모델트랙 (성장성 추천)
주식분산 (택일)	• 소액주주 500명 & 25%이상, 청구 후 공모 5% 이상(소액주주 25% 미만 시 공모 10% 이상) • 자기자본 500억 이상, 소액주주 500명 이상, 청구 후 공모 10% 이상, 규모별 일정 주식 수 이상 • 공모 25% 이상, 소액주주 500명			
경영 성과 및 시장평가 등 (택일)	법인세전이익20억 원[벤처:10억 원]&시총 90억 원 법인세전이익20억 원[벤처:10억 원]&자기자본30억원[벤처:15억 원] 법인세전이익 有&시총200억 원 & 매출액100억 원[벤처:50억 원] 법인세전이익50억 원	시총 500억 x 매출30억 x 최근 2사업연도 평균매출증가율 20% 이상 시총 300억 x 매출액 100억 원 이상[벤처 50억 원] 시총 500억 원 & PBR 200% 시총 1000억 원 자기자본250억 원	자기자본 10억 원 시가총액 90억 원	
			전문 평가 기관의 기술 등에 대한 평가를 받고 평가 결과가 A등급 & BBB등급 이상일 것	상장주선인이 사업성, 성장성을 평가하여 추천한 기업일 것
감사의견	최근 사업연도 적정			

경영투명성 (지배구조)	사외이사, 상근감사 충족	
기타 요건	주식양도 제한이 없을 것 등	
최대주주 등 지분의 매각	상장 후 6개월	상장 후 1년

03

코스피와
코스닥 시장의 차이는?

코스피, 코스닥

김대표 형, 코스피 시장과 코스닥 시장의 차이에 대해 알려줘.

세무형 코스피 시장은 유가증권 시장이라고도 불리지. 주로 대기업과 중견기업이 상장된 시장이야. 코스피 시장에 상장하려면 최소 자기자본이 300억 원 이상이 되어야 하니 중소기업이 진입하기엔 어려움이 따르지. 대표적인 회사로는 삼성전자, 현대자동차 등 이름만 들어도 아는 한국의 대기업들이 주로 상장되어 있어. 거래 금액이 크고 주가변동성이 높지 않아서 상대적으로 안정적인 편이야. 그래서 코스피는 보수적인 투자자들, 즉 안정적인 투자를 하고 싶은 사람들이 선호하는 시장이야. 예를 들면 연금 같은 큰돈을 관리하는 기관들이 코스피 주식을 많이 사.

반면에 코스닥 시장은 조금 달라. 미국의 나스닥(NASDAQ)을 본떠 만든 시장인데, 상장 조건이 코스피보다 덜 까다로워서 중소기업이나 성장 가능성이 큰 회사들이 주로 들어와. 예를 들어 카카오게임즈나 셀트리온헬스케어 같은 회사들이 있어. 처음엔 작아 보였지만 기술력이나 성장 잠재력으로 엄청 주목받은 회사들이야.

코스닥은 거래 규모가 작고 주가 변동이 커. 그래서 주가가 하루에도 크게 오르내리곤 해. 예를 들어 바이오 회사가 신약 개발에 성공했다는 뉴스가 뜨면 주가가 폭등하고, 실패 소식이 나오면 폭락하기도 해. 이 때문에 공격적인 투자자들, 즉 리스크를 감수하더라도 높은 수익을 노리는 사람들이 코스닥을 좋아하지.

04

'내부회계관리제도'란?

내부회계관리제도

김대표 상장 준비과정에서 내부회계관리제도를 구축해야 한다는데, 외부감사만 받으면 되는 거 아니었어?

세무형 외부감사는 말 그대로 작성된 기말 재무제표를 바탕으로 숫자가 적정한지, 즉 문제가 없는지를 확인하는 과정이야. 예를 들어, 회사가 매출이 500억 원이라고 보고했으면, 감사인은 이 숫자가 진짜인지 확인하기 위해 관련 계약서, 영수증, 은행 거래 내역 같은 증빙 자료를 검토하지.

반면에 내부회계관리제도는 이와 조금 다르게 재무제표가 작성되기까지의 과정을 들여다보는 거야. 예를 들어 회사가 매출을 기록할 때 어떤 절차를 거치는지 봐. 매출을 담당하는 직원이 계약서를 검토했는지, 매출 기록이 ERP(전사적 자원 관리 시스템)에 제대로 입력되었는지, 그리고 최종적으로 매출이 재무제표에 반영되기 전에 다른 사람이 검증했는지 같은 과정을 확인하지. 쉽게 말해 **내부회계관리제도는 재**

무제표가 만들어지는 과정을 통제하는 시스템이라고 생각하면 돼. 이게 중요한 이유는, 절차와 통제가 제대로 되어야 허위 매출과 같은 부정이나 숫자 입력 오류 같은 실수를 방지할 수 있기 때문이야.

특히 상장회사는 스스로 재무제표를 작성할 능력이 있어야 하고, 부정과 오류를 방지할 수 있는 내부 시스템을 잘 갖춰야 해. 예를 들어 A라는 상장회사가 매출을 부풀리려고 허위 계약서를 만들었는데, 이걸 검증하는 절차가 없다면 감사인은 외부감사에서 허위 매출을 제대로 발견하지 못할 수도 있어. 이런 경우 내부회계관리제도가 제대로 운영되지 않았다는 의미야.

따라서 상장사에 대한 감사인은 재무제표뿐만 아니라 내부회계관리제도도 검토하거나 감사해. 예를 들어 감사인이 회사의 매출 절차를 검토했는데, 매출을 기록할 때 이를 검증하는 팀이 없거나, 한 사람이 모든 과정을 처리하는 식이라면, 부정이 발생할 가능성이 높다고 판단할 수 있어. 이런 경우에는 내부회계관리제도에 중대한 미비점이 있다고 보고될 수 있지.

내부회계관리제도와 재무제표 감사는 서로 밀접하게 연결되어 있어. 예를 들어, 회사가 내부회계관리제도를 잘 갖추고 운영 중이라면 재무제표에 큰 문제가 없을 가능성이 높아. 반대로 내부회계관리제도가 허술하면 재무제표에 오류나 부정이 포함될 위험이 커져.

B라는 회사가 내부회계관리제도를 통해 재고 관리를 엄격히 하고 있다고 가정해 보자. 매월 말 재고 실사를 통해 정확한 수량을 파악하

고, 이를 ERP에 입력하기 전에 별도의 검증 과정을 거친다면, 재무제표에 반영된 재고 금액이 정확할 가능성이 높아.

반면, C라는 회사는 내부 절차가 없어 직원이 임의로 재고 금액을 입력하고, 누구도 이를 확인하지 않는다면, 재고 금액이 잘못 기록될 가능성이 높아. 이렇게 되면 외부감사에서도 부정확한 재무제표로 판단될 수밖에 없지.

결국 내부회계관리제도는 회사가 스스로 재무제표를 작성하는 과정을 통제하고, 부정과 오류를 방지하는 시스템이야. 특히 상장사는 이런 절차와 통제를 잘 운영해야만 재무제표의 신뢰성을 높일 수 있어. 감사인은 이 두 가지를 함께 보면서 회사의 재무 상태를 평가해. 쉽게 말해 내부회계관리제도가 탄탄하면 재무제표도 믿을 수 있다는 거고, 반대로 내부 통제가 엉망이면 재무제표도 신뢰하기 어렵다는 의미야.

05

코넥스 시장으로
도전하는 건 어떨까?

코넥스, 코스닥

김대표 형, 주관사에서 코넥스 시장에 먼저 상장하고 코스닥으로 이전 상장하는 게 어떻겠냐고 하는데?

세무형 흠, 코넥스 시장은 초기 중소기업이나 벤처기업을 위해 만들어진 시장이야. 여기서 자금을 조달하고 경영 성과를 인정받은 기업이 코스닥으로 이전 상장할 수 있도록 돕는 징검다리 역할을 한다는 게 본래 취지이지. 예를 들어 기술력을 가진 초기 기업이 코넥스 시장을 통해 자금을 모은 뒤, 성장에 성공하면 코스닥으로 가는 게 이상적인 시나리오야.

그런데 현실은 좀 달라. 생각보다 코스닥으로 이전 상장하는 회사의 비율이 낮아. 2023년 기준으로 코넥스에 상장된 회사는 약 150개인데, 이 중에서 이전 상장에 성공한 회사는 10년 동안 40개 남짓, 약 30% 정도야. 반대로 말하면 70% 이상의 회사가 코넥스 시장에 계속 머물러 있는 셈이야.

코넥스에서 코스닥으로 가려면 매출, 이익, 성장성 같은 조건을 충족해야 하는데, 초기 기업 입장에서는 이걸 맞추기가 쉽지 않아. 예를 들어 한 회사가 코넥스에 상장한 후 몇 년 동안 매출을 키우려고 노력했지만, 시장 상황이 나빠져 성과를 못 냈다면 코스닥으로 가는 길이 막혀버리지. 또, 코넥스에 오래 머물다 보면 유지비용도 부담이 돼. 내부회계관리제도를 구축하고, 외부감사나 공시 체계를 유지하는 데 매년 많은 비용이 들기 때문이야. 한 코넥스 상장사가 매년 1억 원 이상의 유지 비용을 쓴다고 해도 매출이 정체돼 있다면 결국 코스닥 이전은 꿈꾸기 어려워.

코넥스 시장은 취지는 좋지만 현실적으로는 코스닥으로 가기 위한 징검다리 역할을 제대로 못하고 있다는 비판도 있어. 코넥스에서 10년째 머물러 있는 기업들이 있는데, 이런 회사들은 성장이 정체되거나 시장의 관심을 잃어서 이전 상장을 못 하는 경우가 많아. 코넥스에 계속 머물러야 하니, 내부회계관리제도와 공시 체계를 유지하기 위한 비용만 추가로 발생해. 회사 입장에서는 시간과 돈이 낭비되는 상황이 되는 거야.

결국 실적이 좋은 회사들은 코넥스를 거치지 않고 바로 코스닥으로 상장하는 경우가 많아. 예를 들어, IT 스타트업 A는 연 매출 500억 원을 달성한 뒤, 코넥스를 거치지 않고 바로 코스닥에 상장했어. 성장 가능성과 실적이 뒷받침되니까 코넥스라는 중간 단계를 굳이 거칠 필요가 없었던 거야.

코넥스는 초기 기업들이 자금을 조달할 수 있는 기회를 주지만 이전 상장을 하지 못하고 코넥스에 오래 머물러 있는 기업들이 많은 현실을 보면, 과연 코넥스를 꼭 거쳐야 하는지 의문이 들기도 해. 특히 이미 성장 가능성을 인정받거나 성과를 내고 있는 기업이라면, 코넥스 대신 바로 코스닥으로 가는 게 더 효율적일 수도 있어. 그러니 회사 상황을 고려해 보고 어떻게 하는 게 좋을지 한번 고민해 봐.

06

지정감사와
일반 외부감사는 다른 걸까?

지정감사, 일반 외부감사

김대표 이번에 주관사에서 상장예비심사청구를 위해 지정감사를 받아야 한다고 해. 지정감사와 지금 내가 받고 있는 감사는 다른 건가?

세무형 일반적으로 외부감사는 회사에서 감사인을 선임하지만 지정감사는 금융위원회 산하 증권선물위원회에서 감사인을 지정해주는 제도야. 회사가 직접 선임하지 않은 독립적인 감사인인만큼 좀 더 엄격한 편이지. 회사의 요구사항과 요청들을 잘 들어주지 않고 원칙대로 감사를 진행하는 편이야. 그러니 지정감사인이 선임되면 사전에 충분한 소통을 통해 지정감사인의 스타일, 원하는 자료의 수준과 업무 범위를 잘 이해한 다음 지정감사인이 원하는 대로 자료를 잘 준비해주는 게 좋아.

감사 경험이 많지 않거나 그간 잘 지내던 착한 회계사가 도움을 많이 주었다면 아무래도 너무 다른 지정감사인의 태도에 깜짝 놀랄 수도 있어. 지정감사인의 자료 요구에 대응이 어렵다면 회사를 대신하여 감사에 대응해 주는 PA(Private Accountant) 서비스를 타 회계법인에 의뢰하는 것도 좋은 방법이야. 아무래도 전문가의 도움을 받으면 자료의 정확성이 높아지고 지정감사인이 원하는 자료 수준을 맞춰줄 수 있거든. 또한 회사가 자체적으로 현금흐름표나 주석 작성이 어려운 경우라면 더더욱 PA 서비스를 받아야 해. 이미 알고 있겠지만 현금흐름표와 주석을 포함한 재무제표의 작성 의무는 회사에 있고, 이를 제시 받지 않고는 지정감사인이 감사를 진행하지 못하기 때문에 감사의견 변형 사유가 될 수 있어.

그리고 지정감사는 통상적인 외부감사보다 감사 보수가 높은 편이야. 아무래도 지정감사를 하는 회사는 상장사이거나 상장 예정인 회사이기 때문에 정보 이용자가 많아서 감사 리스크 또한 상대적으로 높은 편이지. 그래서 지정감사인 입장에서는 반드시 충분한 감사 인력과 시간을 투입해서 의견을 형성하기 위해 필요한 감사 절차를 수행하여야 하기 때문에 보수가 상대적으로 높아질 수밖에 없어.

07

'한국채택국제회계기준'이란?
한국채택국제회계기준

김대표 주관사에서 한국채택국제회계기준에 따라 감사를 받아야 한다고 해. 기존에 해왔던 일반회계처리기준과 무슨 차이가 있는 거야?

세무형 코스닥 상장예비심사를 신청하려면 최근 3사업연도의 재무제표와 감사보고서를 제출해야 하는데, 이때 한국채택국제회계기준(K-IFRS)으로 작성된 재무제표를 제출해. 한국채택국제회계기준은 원칙기반 회계 기준으로, 회계처리의 원칙을 제시하고 기업이 그 원칙을 바탕으로 합리적인 판단을 통해 회계처리하므로 유연성이 있지만 해석에 따라 회계처리가 달라질 수 있어.

한국채택국제회계기준과 일반기업회계기준의 차이는 수익인식, 공정가치평가, 감가상각 방법, 충당부채 측면에서 차이가 발생해. 한국채택국제회계기준은 일반기업회계기준에 비해 수익인식 기준이 복잡한 편이야. 계약을 기준으로 거래 조건에 따라 고객에게 수행되는 의무의 시기를 구분해 수익을 인식해야 해.

그리고 공정가치평가 또한 매우 엄격해. 금융자산, 투자자산 등에 대해서 엄격히 공정가치평가를 요구하고 있어. 전환사채나 RCPS 같은 복합금융상품을 보유한다면 공정가치평가로 재무제표가 크게 변동할 수 있고, 복합금융상품을 발행한 회사라면 공정가치평가로 인해 부채비율이 악화될 여지가 있지.

감가상각 방법 또한 정기적으로 재검토해서 회사의 상황에 가장 적합한 상각 방법을 사용하여야 하고, 충당부채에 대한 회계처리 기준이 더욱 엄격하기 때문에 발생가능한 부채에 대해 재무제표에 명확히 인식해야 해.

일반적으로 투자 유치 경험이 많은 회사는 한국채택국제회계기준으로 전환하게 되면 부채비율이 매우 악화되는 경험을 해. 이러한 경우를 방지하기 위해서는 상장 준비 전에 최대한 빠른 시일 내에 한국채택국제회계기준으로 전환한 재무제표를 확인해서 투자자들에게 적절한 설명과 이해를 사전에 구하는 편이 좋아.

08

한국채택국제회계기준 적용 시 발생할 수 있는 이슈는?

상환전환우선주

김대표 형, 한국채택국제회계기준을 적용했더니 갑자기 부채비율도 늘어나고 손실도 늘어났어. 왜 그런 거야?

세무형 한국채택국제회계기준과 일반기업회계기준의 주요 차이 중 하나는 상환전환우선주(RCPS)에 대한 회계처리 방식이야. 이 차이로 인해 재무제표에 미치는 영향이 크게 달라질 수 있어.

일반기업회계기준(K-GAAP)에서는 상환 의무가 있는 경우에도 대부분 자본으로 분류돼. 그래서 상환전환우선주의 배당금은 이익잉여금에서 차감되기 때문에 회사의 부채비율에는 영향을 미치지 않아.

반면, 한국채택국제회계기준(K-IFRS)에서는 상환 의무가 있는 우선주를 부채로 분류해. 여기서 중요한 점은 배당금도 이익잉여금 차감이 아니라 이자 비용으로 처리된다는 거야. 이는 순이익과 부채비율 모두에 직접적인 영향을 미쳐서 기존의 회계 처리와 큰 차이를 만들어.

대한민국의 투자관행상 한국에서 발행되는 상환전환우선주의

99% 이상은 한국채택국제회계기준이 도입되면 부채로 분류가 돼. 이에 따라 부채비율이 높아지고 재무상태가 악화되는 결과를 초래하게 돼. 이는 투자자들에게 회사의 재무적 안정성을 낮게 평가받을 위험으로 이어질 수 있어.

결론적으로 K-IFRS 전환은 상환전환우선주를 발행한 기업에게 큰 영향을 미칠 수 있으니, 재무비율 관리나 추가 자본 조달 계획을 세울 때 이 점을 반드시 고려해야 해.

10장

성장한 기업의 다음 세대 준비

01

가업승계를 할 때
어떻게 준비해야 할까?

증여, 상속

김대표 형, 내가 사업을 시작한지도 벌써 30년이 훌쩍 지났어. 세월 정말 빠르다. 다행히 우리 아들이 회사에서 제 역할을 해주고 있어서 난 이제 은퇴할 수 있을 것 같아. 10년 안에는 아들에게 사업을 물려주고 싶은데 어떤 준비를 해야 할까?

세무형 정말 고생 많았어. 지금까지 회사도 성장시키고 기부도 많이 한 네가 정말 대단하고 자랑스러워! 자 이제 본격적으로 가업승계를 준비해 보자.

가업승계를 위해선 몇 가지 조건을 충족해야 해. 우선, 수증자인 아들이 18세 이상, 증여자인 부모는 60세 이상이어야 해. 그리고 증여 신고기한까지 아들이 가업에 종사하고 있어야 하고, 증여일로부터 3년 이내에 대표이사로 취임해야 해. 아들에게 충분히 경영 교육을 시켰다면 바로 대표이사로 취임시키는 것도 좋은 방법이야.

◆ '수증자'란 증여의 상황에서 소유권을 넘겨받는 자를 말한다.

가업승계 증여특례제도를 활용하면 증여 받은 가업 주식의 가액 중 10억 원은 비과세로 공제되고, 초과분에 대해서는 10%(120억 원 초과분은 20%)의 낮은 증여세율만 부담하면 돼. 일반 증여세율(10~50%)과 비교하면 세 부담이 크게 줄어드는 셈이야. 이 제도의 적용 한도는 부모의 경영 기간에 따라 다르게 설정돼.

- **10년 이상 20년 미만** : 300억 원
- **20년 이상 30년 미만** : 400억 원
- **30년 이상** : 600억 원

즉, 가업 경영 기간이 길수록 혜택이 더 커지는 구조야.

가업승계 증여특례를 적용 받았다면 향후 5년간 사후관리가 필요해. 주요 요건은 다음과 같아.

- **대표이사직 유지** : 5년간 대표이사직을 유지해야 한다.
- **가업 운영 지속** : 1년 이상 휴업하거나 폐업하면 안 되고, 주업종을 변경해서도 안 된다.
- **지분 유지** : 가업을 승계 받은 아들은 자신의 지분을 그대로 유지해야 한다.

사후관리 요건을 위반하면 최대 50%의 일반 증여세율로 다시 과세될 뿐 아니라, 납부 시점까지의 이자 상당액도 추가로 납부해야 하는 불이익이 있어. 실제로 요건 위반 사례가 적지 않아. 그 예로 한 사례에서는 증여 후 4년만 유지하다 업종 변경과 휴업으로 고액의 증여세를 납부한 일이 있었어. 또 다른 사례에선 파일럿 출신의 수증자가 회사의 경영 악화로 항공사로 복귀하려 했지만, 겸업 금지 규정에 따라 대표이사직을 사임했다가 사후관리조건 위반으로 큰 세금을 물었지.

가업승계 증여특례는 매우 강력한 제도이지만 사전 증여 절차이기 때문에 최종적으로 상속의 시기가 되면 가업승계 증여재산이 상속 재산에 포함되므로 추후 가업상속공제제도를 통해 최종적으로 세액을 확정해야 해.

가업상속공제제도는 상속 시점에 적용돼. 피상속인이 10년 이상 영위한 중소기업을 정상적으로 승계할 경우 최대 600억 원까지 100% 공제를 받을 수 있어.

- **10년 이상** : 300억 원
- **20년 이상** : 400억 원
- **30년 이상** : 600억 원

하지만 혜택이 큰 만큼 사후 관리 조건이 까다로워.

1. **2년 이상 가업 종사** : 상속인은 상속 신고기한까지 임원으로 취임하고, 2년 내에 대표이사로 취임해야 한다.

2. **5년간 사후 관리 :** 상속가업의 지분 유지, 가업용 자산의 40% 이상 처분 금지, 휴업 및 폐업 금지, 주업종 유지 등 조건을 충족해야 한다.
3. **고용유지 조건 :** 5년간 정규직 근로자 수 평균과 총 급여액을 상속개시일 직전 2개년도 대비 90% 이상 유지해야 한다.

가업승계 증여특례에는 없는 고용유지 조건이 특히 까다로운데, 경영 악화나 구조조정이 필요해도 고용유지 조건 때문에 직원을 유지해야 하는 일이 생길 수도 있어.

간혹 '굳이 가업승계 증여특례를 받을 필요가 있을까? 그냥 내가 죽고 나서 가업상속공제를 한 번에 받는 게 더 편리하지 않을까?'라고 생각할 수도 있지. 하지만 가업승계 증여특례는 증여 시점에 재산가액을 확정할 수 있다는 큰 장점이 있어. 회사가 계속 성장하고 이익이 늘어나면 기업 가치는 시간이 지날수록 높아져 상속세 부담도 커져. 증여특례를 이용하면 기업 가치가 낮을 때 미리 증여를 통해 세금을 절감할 수 있어.

즉, 가업승계 증여특례와 가업상속공제는 상호 보완적인 제도야. 상황에 따라 전략적으로 선택해 활용하면 큰 세제 혜택을 누릴 수 있어.

02

가업승계가 어려울 경우에는
어떻게 하면 좋을까?

매각, 지분가치 조정, 구조 전환

김대표 그런데 만약 자식들이 가업을 잇고 싶어하지 않으면 어떡하지? 괜히 물려줘봐야 더 힘들어하지 않을까?

세무형 만약 그런 경우라면 적절한 대안을 준비하는 게 중요해. 몇 가지 방법이 있어.

❶ 회사매각

가업을 승계할 사람이 없다면 회사를 매각하는 것이 가장 현실적이고 간단한 해결책이야. 매각을 통해 확보한 자금을 다른 형태로 물려주면 자녀에게 경영 부담 없이 자산을 전달할 수 있어. 매각을 위해서는 매수자를 물색해야 하는데 아래의 기준에 따라 매수자 후보를 미리 파악해 보고 접근하는 것도 좋은 방법이지.

㉠ 전략적 인수자

회사와 시너지를 낼 수 있는 기업이나 경쟁사를 찾아서 회사를 매각하는 방법이야. 이렇게 하면 인수자는 인수 후 시너지를 기대할 수 있기 때문에 보통 회사의 가치를 높게 평가받을 수 있어.

㉡ 재무적 인수자

재무적 투자자(Private Equity Fund, 벤처 캐피털 등)에게 회사를 매각하는 방식이야. 투자자는 일정 기간 운영 후 기업가치를 높여 재매각하거나 상장하는 것을 목적으로 하기 때문에 안정적인 재무 상태와 성장 가능성을 설득하는 것이 중요해. 특히 향후 투자로 인한 확장 가능성을 강하게 설득해야 해.

㉢ 경영진 인수

회사의 기존 경영진에게 회사를 매각하는 방식이야. 경영진은 이미 회사의 상황을 잘 알고 있어서 인수 후에도 안정적으로 운영할 가능성이 높고 회사의 가치에 대해서도 잘 알고 있지. 하지만 경영진의 자금 사정이 여의치 않을 가능성이 높기 때문에 높은 금액을 받기는 쉽지 않아.

㉣ 상장

회사가 상장되어 있다면 매각은 좀 더 쉬워. 공개된 시장에서도 매각이 가능해. 하지만 대주주의 지분 매각은 일반적으로 시장에서 나쁜 시그널로 인식되기 때문에 주가가 떨어질 확률이 높아.

❷ 지분 가치조정

회사를 매각하지 않는 경우, 상속 및 증여 시 부담을 줄이기 위해 주식가치를 조정하는 방법도 활용할 수 있어.

㉠ 순자산 가치 조정

회사가 보유한 자산의 가치를 낮추는 방식이야. 예를 들어 감가상각을 적극 활용하여 자산의 장부가를 낮추거나, 불필요한 자산을 매각하여 자산 규모 축소하는 방법, 대표이사의 퇴직급여를 증액하여 퇴직급여부채를 확대하는 방법이 있어.

㉡ 수익가치 조정

회사의 이익을 의도적으로 줄여 주식 가치를 낮추는 방법이야. 예를 들어, 경영진 보수를 증액하거나 복리후생비를 늘려 비용을 확대하는 방법이 있고, 일부 비영업용 자산을 분리하거나 별도 법인으로 이관해 수익 감소를 유도하는 방법도 있어.

㉢ 지배구조 변경

지분을 분산시키거나 우선주, 의결권 제한 주식을 활용해 주식의 가치를 낮추는 방법도 있어. 특히 가업승계 대상이 아닌 자녀들에게 일부 지분을 미리 증여하면 세 부담을 줄이는 데 도움이 돼.

❸ 사업 구조 전환

회사를 매각하거나 주식가치를 조정하지 않고, 사업 구조를 전환하는 방법도 있어. 예를 들어, 본업을 정리하고 회사를 금융투자법인이나 부동산투자법인으로 전환하면 자녀에게 안정적인 수익원을 물려줄 수 있어.

㉠ 금융투자법인 전환

회사 자산을 주식, 채권 등 금융상품에 투자하여 수익을 창출하는 전문투자법인으로 전환하는 거야. 요즘은 꼭 전문투자자가 아니더라도 ETF나 펀드를 통해 위험은 분산시키고 안정적인 수익을 창출할 수 있는 다양한 투자처가 많아.

㉡ 부동산투자법인 전환

자산을 부동산으로 전환해 월세와 임대수익을 기반으로 안정적인 현금흐름을 확보하는 방법도 있어. 가장 일반적인 방법이지. 대부분의 사업가들이 빌딩을 자녀에게 물려주고 싶어해. 주의해야 할 점은 부동산 구입에 크게 레버리지를 일으키면 차후 상속 시 상속세를 납부할 현금이 없어서 불가피하게 자녀가 부동산을 매각해야 하는 일이 생길 수도 있어. 이런 일을 방지하기 위해서 상속세 계획을 미리 구상해 놓는 것이 좋아.

위 두 가지 방법은 자녀가 경영에 참여하지 않아도 자녀를 위해 캐시카우 역할을 하는 자산을 물려줄 수 있는 방법이야.

앞으로 유산을 물려받을 후손들을 위해서 자녀들의 의사와 회사의 상황을 잘 고려해서 매각이나, 주식가치 조정, 사업 구조 전환 등 최적의 대안을 선택하면 돼.

상속 계획은 미리미리, 대형 베이커리 카페가 많이 생기는 이유

법인 설립을 하기 전에 가장 먼저 고려해야 할 것은 지분율이다. 자녀에게 지분을 사전 증여하는 방법은 회사의 가치가 가장 낮을 때 지분을 증여해 나중에 낼 상속세와 증여세를 절감하고, 향후 회사가치 상승의 열매를 자녀에게 공유할 수 있는 방법이다.

예를 들어, A씨가 회사를 설립하면서 자녀에게 40%의 지분을 사전 증여하였다고 가정해 보자. 초기에는 액면가액으로 증여를 하기 때문에 소액의 증여세를 부담하고 증여가 가능하다. 시간이 지나 회사의 가치가 상승하자, 자녀의 지분가치도 같이 상승하였다. 또한 매년 배당을 통해 자녀의 자산을 축적할 수 있었다. 자녀의 자산이 축적되면 이후의 증여 과정에서 다양한 방법으로 절세가 가능하다. 회사의 주식 매각을 통해 현금화해서 개인 사업 자금으로도 쓸 수 있다.

만약, 사전증여를 하지 않았다면 회사의 가치가 상승한 이후 자녀에게 증여 또는 상속을 해야 하는데 자녀는 자산이 하나도 없기 때문에 오롯이 큰 금액의 세금을 내야 하는 경우가 생길 수도 있다.

하지만, 이 경우에도 방법이 있다. 바로 가업상속공제제도를 이용하는 것이다. 가업상속공제제도를 이용하려면 피상속인(아버지)이 대표이사로 10년 이상 계속하여 특정업종의 중소기업 또는 중견기업에 대해 18세 이상의 상속인(자녀)이 상속개시일 전 2년 이상 가업에 종사한 경우 가업상속재산의 100%를 상속공제해주는 제도이다.

| 공제한도 |

피상속인이 10년 이상 경영 : 300억 원

피상속인이 20년 이상 경영 : 400억 원

피상속인이 30년 이상 경영 : 600억 원

가업상속공제를 이용할 수 있는 업종은 다음과 같다.

1. 한국표준산업분류에 따른 업종

표준산업분류상 구분	가업 해당 업종
가. 농업, 임업 및 어업(01 ~ 03)	작물재배업(011) 중 종자 및 묘목생산업(01123)을 영위하는 기업으로서 다음의 계산식에 따라 계산한 비율이 100분의 50 미만인 경우 [제15조 제7항에 따른 가업용 자산 중 토지(「공간정보의 구축 및 관리 등에 관한 법률」에 따라 지적공부에 등록해야 할 지목에 해당하는 것을 말한다) 및 건물(건물에 부속된 시설물과 구축물을 포함한다)의 자산의 가액] ÷ (제15조 제7항에 따른 가업용 자산의 가액)

나. 광업(05 ~ 08)	광업 전체
다. 제조업(10 ~ 33)	제조업 전체. 이 경우 자기가 제품을 직접 제조하지 않고 제조업체(사업장이 국내 또는 「개성공업지구 지원에 관한 법률」 제2조 제1호에 따른 개성공업지구에 소재하는 업체에 한정한다)에 의뢰하여 제조하는 사업으로서 그 사업이 다음의 요건을 모두 충족하는 경우를 포함한다. 1) 생산할 제품을 직접 기획(고안ㆍ디자인 및 견본제작 등을 말한다)할 것 2) 해당 제품을 자기명의로 제조할 것 3) 해당 제품을 인수하여 자기책임하에 직접 판매할 것
라. 하수 및 폐기물 처리, 원료 재생, 환경정화 및 복원업(37 ~ 39)	하수ㆍ폐기물 처리(재활용을 포함한다), 원료 재생, 환경정화 및 복원업 전체
마. 건설업(41 ~ 42)	건설업 전체
바. 도매 및 소매업(45 ~ 47)	도매 및 소매업 전체
사. 운수업(49 ~ 52)	여객운송업[육상운송 및 파이프라인 운송업(49), 수상 운송업(50), 항공운송업(51) 중 여객을 운송하는 경우]
아. 숙박 및 음식점업(55 ~ 56)	음식점 및 주점업(56) 중 음식점업(561)
자. 정보통신업(58 ~ 63)	출판업(58), 영상ㆍ오디오 기록물제작 및 배급업(59). 다만, 비디오물 감상실 운영업(59142)은 제외한다. 방송업(60), 우편 및 통신업(61) 중 전기통신업(612), 컴퓨터 프로그래밍, 시스템 통합 및 관리업(62), 정보서비스업(63)

차. 전문, 과학 및 기술서비스업 (70 ~ 73)	연구개발업(70), 전문서비스업(71) 중 광고업(713), 시장조사 및 여론조사업(714) 건축기술, 엔지니어링 및 기타 과학기술 서비스업(72) 중 기타 과학기술서비스업(729) 기타 전문, 과학 및 기술 서비스업(73) 중 전문디자인업(732)
카. 사업시설관리 및 사업지원 서비스업 (74 ~75)	사업시설 관리 및 조경 서비스업(74) 중 건물 및 산업설비 청소업(7421), 소독, 구충 및 방제 서비스업(7422) (2023. 2. 28. 개정) 사업지원 서비스업(75) 중 고용알선 및 인력 공급업(751, 농업노동자 공급업을 포함한다), 경비 및 경호 서비스업(7531), 보안시스템 서비스업(7532), 콜센터 및 텔레마케팅 서비스업(75991), 전시, 컨벤션 및 행사 대행업(75992), 포장 및 충전업(75994)
타.임대업 : 부동산 제외(76)	무형재산권 임대업(764, 「지식재산 기본법」 제3조 제1호에 따른 지식재산을 임대하는 경우로 한정한다)
파. 교육서비스업 (85) (2022. 2. 15. 개정)	교육 서비스업(85) 중 유아 교육기관(8511), 사회교육시설(8564), 직원훈련기관(8565), 기타 기술 및 직업훈련학원(85669)
하.사회복지서비스업(87)	사회복지서비스업 전체
거.예술, 스포츠 및 여가관련 서비스업 (90 ~ 91)	창작, 예술 및 여가관련 서비스업(90) 중 창작 및 예술관련 서비스업(901), 도서관, 사적지 및 유사 여가관련 서비스업(902). 다만, 독서실 운영업(90212)은 제외한다.
너.협회 및 단체, 수리 및 기타 개인 서비스업(94 ~ 96)	기타 개인 서비스업(96) 중 개인 간병인 및 유사 서비스업(96993)

2. 개별법률의 규정에 따른 업종

가업 해당 업종
가. 「조세특례제한법」 제7조 제1항 제1호커목에 따른 직업기술 분야 학원
나. 「조세특례제한법 시행령」 제5조 제9항에 따른 엔지니어링사업 (2020. 2. 11. 개정)
다. 「조세특례제한법 시행령」 제5조 제7항에 따른 물류산업 (2020. 2. 11. 개정)
라. 「조세특례제한법 시행령」 제6조 제1항에 따른 수탁생산업
마. 「조세특례제한법 시행령」 제54조 제1항에 따른 자동차정비공장을 운영하는 사업
바. 「해운법」에 따른 선박관리업
사. 「의료법」에 따른 의료기관을 운영하는 사업
아. 「관광진흥법」에 따른 관광사업(카지노업, 관광유흥음식점업 및 외국인전용 유흥음식점업은 제외한다)
자. 「노인복지법」에 따른 노인복지시설을 운영하는 사업
차. 법률 제15881호 노인장기요양보험법 부칙 제4조에 따라 재가장기요양기관을 운영하는 사업 (2020. 2. 11. 개정)
카. 「전시산업발전법」에 따른 전시산업
타. 「에너지이용 합리화법」 제25조에 따른 에너지절약전문기업이 하는 사업
파. 「국민 평생 직업능력 개발법」에 따른 직업능력개발훈련시설을 운영하는 사업 (2022. 2. 17. 개정 ; 근로자직업능력 개발법 시행령 부칙)
하. 「도시가스사업법」 제2조 제4호에 따른 일반도시가스사업
거. 「연구산업진흥법」 제2조 제1호 나목의 산업 (2021. 10. 19. 개정 ; 연구산업진흥법 시행령 부칙)

너. 「민간임대주택에 관한 특별법」에 따른 주택임대관리업

더. 「신에너지 및 재생에너지 개발·이용·보급 촉진법」에 따른 신·재생에너지 발전사업

    요즘 도시 인근 외곽 지역에 멋있게 지어진 베이커리 카페를 심심치 않게 볼 수 있다. 왜 그렇게 베이커리 카페가 많이 생길까, 주말장사만 해서 남는 게 있을까 의문이 들기도 하지만, 음식점업은 가업상속공제 대상 업종이다. 그런데 단순 커피숍은 표준산업분류 세분류상 음식점업에 속하지 않기 때문에 빵을 만들어서 팔아야 음식점업으로 분류가 되며, 그래야 가업상속공제를 받을 수 있다. 부모가 외곽의 큰 땅을 가지고 있다면 베이커리 카페를 운영하다가 가업상속공제제도를 이용해 자녀에게 상속하면 상속세 전혀 없이 부동산 이전이 가능한 것이다. 대형 베이커리 카페가 많이 생기는 이유와 무관하지 않다.

    가업상속공제를 받았더라도 사후 관리요건을 제대로 이행하지 않으면 상속세를 납부해야 한다. 사후 관리기간은 5년으로 다음과 같은 사후 관리요건을 지켜야 한다.

| **가업종사** | 해당 상속인이 가업에 종사해야 함.

| **지분유지** | 해당 상속인의 지분이 감소하지 않아야 함.

| **가업유지** | 상속 후 5년간 가업용 자산의 40% 이상 처분 금지, 1년 이상 해당 가업을 휴업하거나 폐업하지 않고 주된 업종을 변경*하

지 않아야 함(단, 중분류 내에서 업종을 변경하는 경우와 평가심의위원회 심의를 거쳐 중분류 외 변경 허용).

| **고용확대** | 5년간 정규직 근로자수 평균과 총급여액이 기준고용인원(기준 총 급여액)의 90% 이상 유지해야 함. 상속개시일 직전 2개 사업연도의 평균이어야 함.

가업상속공제는 상속공제 금액이 매우 크고 주의해야 할 사항이 많기 때문에 반드시 정확한 사전 자문과 컨설팅을 통해 진행해야 한다.

03

기업 매각 시 내 회사의 가치를 측정하는 방법은?

기업가치평가, 기업 매각

김대표 아이들에게 가업승계를 하려고 했는데 아이들이 원하지 않네. 기업을 매각하려고 하는데 적정한 매각 금액은 어떻게 책정하는 게 좋을까?

세무형 회사가 안정적인 이익을 창출하고 빠르게 성장하고 있으면 회사를 인수하고 싶다고 하거나 회사를 좋은 가격에 팔아주겠다고 하는 연락을 받는 경우가 생기지. 비상장 회사의 기업가치를 평가한다는 것은 전문가가 아닌 이상 쉽지 않아. 하지만 대표자 입장에서도 터무니없는 매수 제안 등을 걸러내기 위해서라도 최소한의 내용은 알고 있어야 해.

기업가치를 평가하는 방법은 여러 가지가 있지만 가장 보편적으로 많이 이용하는 것은 유사 업종의 다른 기업과 비교하여 평가하는 멀티플(Multiple) 방식과 회사의 미래 사업계획을 현금 흐름으로 구현하여 기업의 가치를 평가하는 DCF 모델을 이용한 방식이야.

멀티플 방식은 동일한 업종을 영위하는 다른 회사들의 기업가치가 영업이익 대비 평균 5배라고 하면 내 회사의 영업이익에 5배를 곱하여 평가하는 방식이야.

반면, DCF는 회사가 미래 벌어들일 수 있는 현금을 현재가치 기준으로 환산하여 평가하는 방식이야. 회사의 특수성을 고려하여 두 가지 방법을 함께 사용하여 평가하는 것이 바람직하고, 특히 회사의 장부상 적정 시가가 반영되어 있지 않은 부동산이나 주식을 보유하고 있다면 매각 시점의 적정 시가를 반드시 고려하여 매각 금액에 함께 반영해야 해.

따라서 내가 속한 사업이 시장에서 영업이익 대비 기업가치를 얼마나 인정받고 있는지 관심을 갖는 것이 필요하고, 다른 회사에 비해 빠른 속도로 성장하고 있다면 DCF 평가 방법에 반영하여 멀티플 방식의 한계를 보완해야 할 거야.

내 회사를 인수하려는 곳이 인수 후 얻는 시너지 효과가 있는지 생각해 보는 것도 매각 가격을 제시할 때 도움이 돼. 인수 후 추가로 창출되는 가치가 있다면 나의 회사의 가치보다 더 큰 금액으로 인수할 의향이 있을 수 있기 때문이지.

그 예로 2020년에 빙그레는 해태제과의 빙과 사업부인 해태아이스크림을 1350억 원에 인수했어. 해태아이스크림은 만년 적자 사업부였어. 하지만 인수해서 빙그레의 생산설비와 물류, 유통망 공유를 통해 비용절감을 할 수 있었고 마케팅 시너지 효과도 기대할 수 있었기 때문에 빙그레는 높은 금액으로 해태아이스크림을 인수했을 거야. 그 예측은 적중했고, 빙그레는 현재 빙과시장에서 업계 1위가 되었어.

◆
맺음말

여기까지 오느라 정말 고생 많으셨습니다.

처음 회사를 세울 때의 설렘, 첫 직원 채용의 부담, 첫 세금 통지를 받았을 때의 막막함은 사업자라면 누구나 겪는 일이지만, 그 과정에서 느끼는 외로움은 늘 혼자만의 몫이었을 겁니다. 그런 여러분이 간혹 누군가에게 "형, 이거 왜 이래?" 하고 편하게 묻고 싶을 때를 떠올리며 복잡한 세금과 회계 이야기를 가능한 쉽게 사업가의 시선에서 풀어내고자 노력했습니다. 절세 노하우와 전략을 배우고, 회사를 탄탄하게 성장시키는 데 이 책이 조금이라도 도움이 되었으면 합니다.

사업은 늘 정답이 없는 시험과 같고, 성공을 아무도 보장해 주지 않습니다. 하지만 여러분이 길을 잃지 않도록 이 책이 든든한 나침반이 되길, 성공의 추월차선이 되길 진심으로 바랍니다.

여러분의 선택들이 회사의 운명을 결정하고, 그로 인해 대한민국이 나아갑니다. 그러므로 여러분의 성공을 진심으로 응원합니다.

여러분 곁에서
회계사 이의유, 김지수 드림

찾아보기

숫자, 영문

3PL 195
4대보험 160
4대보험료 68
AC(액셀러레이터) 209, 214
IPO 211
IR 203
RCPS 226, 269
TIPS 프로그램 215
VC(벤처캐피탈) 209

ㄱ~ㄷ

가수금 29
가업상속공제 282
가장납입 66
가지급금 66, 85
간편장부 20
감가상각 91
감사 비용 238
감사인등록제 240
개인사업자 18
결산 회계정책 236
경비율 45
경영인정기보험 63
경조사비 83
고용 형태 160
공동사업 36
과세사업자 57
구조 전환 275
근로계약서 164
근로기준법 182
근로소득 공제표 71
근로소득자 168
근속 기간 178
급여설계 70
급여지급일 162
기말감사 243
기업가치평가 219, 287
납세담보 107
내부회계관리제도 258
내용연수 91
농어촌특별세 59

ㄹ~ㅅ

리베이트 77
매각 275, 287
매입세액공제 43, 75
매입자발행세금계산서 79
매출추이 186
멀티플 방식 219
메인비즈 110, 153
면세사업자 57
미지급급여 68
밸류에이션 캡 222
밸류체인 61
법률심사 223
법인 설립 25, 29
법인경비 73
법인사업자 18
법인세 105
법인전환 99, 101
법인카드 73
벤처기업 인증 151
벤처기업 확인제도 149
복리후생비 83, 132
복식부기 20
본점소재지 22
부가가치세 58
부당해고 176
부채비율 187, 198
비과세 항목 166
사내근로복지기금 62
사업계획서 203
사업소득 156
사업소득자 168
사업연도 종료일 27
사업자등록 43, 55
사옥 취득 126
상속 271
상장예비심사요건 253
상장트랙 253
상품권관리대장 81

성과공유확인제도 170
성실신고확인대상 96
세금 분납 106
세무대리인 111, 114
세무조사 108, 111
세이프 투자 221
소득세 59
수도권과밀억제권역 23
수증자 271
스톡그랜트 170
스톡옵션 170
신용평가조회 193

ㅇ~ㅈ

업무용 승용차 93
업종코드 45
연구인력개발비 147
연차휴가 178
영세율 58
영업권 99
영업권 평가 101
완전자본잠식 30
외부감사 236, 251
외부감사인 234, 238
우선매수권 231
우선청약권 231
유가증권 256
유형자산 재평가 188

이노비즈 110, 153
이사회 38
임대차계약서 25
임원 특별상여금 133
임의감사 206
임직원 사택 125
임직원교육비 130
자격 요건 55
자금 관리 185
자본잠식 198
장부 작성 의무 20
재고 관리 195
재고리스트 245
재고수불부 112
재고실사 245
재무심사 223
재무제표 197
전환사채 226
정관 41
정부보조금 139
정책자금 137
조세특례 122
주주 34, 38
주주간계약서 35, 36
중간감사 243
증여 271
지배구조 251
지분율 250
지정감사 264
직무발명보상제도 170

ㅊ~ㅎ

차량 매입 128
차량운행기록부 93
창업자금 증여특례 141
창업중소기업세액감면 24
채권 관리 193
초도감사 247
최소자본금 31
최저한세 121
추징세액 108
취업규칙 162
코넥스 261
코스닥 256, 261
코스피 256
통장 관리 190
퇴직급여제도 180
투자 실사 206
투자계약서 228
포괄양수도 99
포스트밸류 216
프리밸류 216
한국채택국제회계기준 266
한정의견 247
해고 통지 174
확정급여형 180
확정기여형 180